Interviews with Excellent Nurses

Nurse

榜样的力量

Power of Examples

——优秀护理人访谈录

邵耋凤　陈雪萍 主编

浙江工商大学出版社
ZHEJIANG GONGSHANG UNIVERSITY PRESS

图书在版编目(CIP)数据

榜样的力量：优秀护理人访谈录 / 邵鸯凤，陈雪萍主编. —杭州：浙江工商大学出版社，2017.5

ISBN 978-7-5178-2110-6

Ⅰ. ①榜… Ⅱ. ①邵… ②陈… Ⅲ. ①护理人员—生平事迹—杭州—现代 Ⅳ. ①K826.2

中国版本图书馆 CIP 数据核字(2017)第 075614 号

榜样的力量

——优秀护理人访谈录

邵鸯凤 陈雪萍 主编

责任编辑 张婷婷
封面设计 叶泽雯
责任印制 包建辉
出版发行 浙江工商大学出版社
(杭州市教工路 198 号 邮政编码 310012)
(E-mail：zjgsupress@163.com)
(网址：http://www.zjgsupress.com)
电话：0571－88904980，88831806(传真)
排　　版 杭州朝曦图文设计有限公司
印　　刷 杭州五象印务有限公司
开　　本 710mm×1000mm 1/16
印　　张 15.5
字　　数 213 千
版 印 次 2017 年 5 月第 1 版 2017 年 5 月第 1 次印刷
书　　号 ISBN 978-7-5178-2110-6
定　　价 49.00 元

编委会

主　编:邵鸯凤　陈雪萍

编　者:洪佳静　徐爽爽　邵梦露　邵　丹　任一丹

许安家　唐　艺　方茗依　方从灵　徐晨雨

金淼君　徐少卿　魏　镁　王　颖　赵　青

汤玉芬　金秀娟　陈　爽　黄含蕾　蒋袁芳

王　慧　丁莎莎　蓝骆雪　吴舟露　郎梦宁

杨冰磊

序(一)

相对于已有数千年渊源的医生，护士作为一份正式的职业进入人们的视野，则只有短短一百多年的历史。1853年，克里米亚战争爆发，起初英军前线医院士兵死亡率高达40%以上。当时身在战场后方的南丁格尔带领38名妇女毅然奔赴前线，为受伤的战士提供护理。尽管当时的军队首领对她们的工作嗤之以鼻，但是南丁格尔和同伴们没有放弃，通过夜以继日的出色工作和精心护理，她们成功地将士兵的死亡率下降到2.2%，还被士兵们亲切地称为“提灯女神”。自此而始，南丁格尔所代表的无私与伟大的护理精神为世人称赞，护理工作的重要性开始为人所熟知和重视，南丁格尔精神也成为护理精神的象征。直至今日，“南丁格尔奖”一直是护理界的最高荣誉。

今天，人们都把护士亲切地称作“白衣天使”，护士是一份带有神圣光环和使命的职业。然而现在仍有很多人习惯性地把护理看作医生治疗的辅助性工作，其实这样的认识是不准确的。护理和医学一样，本身是一个具有高度专业性的职业，如果因为护理工作的一些表面特性而小看它，甚至忽视它，那可谓谬之大矣。所幸的是，护士在病人的治疗与康复中扮演的角色和发挥的作用，正越来越为人所见、为人所知。恰如俗语所言，“三分治疗，七分护理”，形象地反映了护理对病人康复的重要性。在美国纽约东北部的撒拉纳克湖畔，医生特鲁多的墓碑上镌刻着一段铭文——“偶尔治愈，常常帮助，总是安慰。”寥寥数语道出了护理工作的不可或缺。

如果说有一份职业，既要有“甘当绿叶”的奉献精神，又要有“追求极致”的精湛技艺，还要有“体贴入微”的人文关怀，那护士绝对算得上头一份。一例复杂病例的治愈，鲜花和掌声多属于操刀主治的医生，很少有人关注到护理人员在其中的付出和努力。我常常说，护理是一份神圣的职业，要做好这一份职业，不仅要具备严谨务实的职业态度，还要有一颗真诚做事业的心。因为，职业与事业虽只有一字之差，但其中所包含的处世哲学和态度却差异悬殊。把护理当作职业的人，往往止于做好自己分内的事情，更多关注的是能有多少回报；而把护理当作事业的人，奉行的是“道虽迩，不行不至；事虽小，不为不成”，他们有着高度的行为自觉，默默践行着“白衣天使”的神圣天职与使命。一如本书所记录的56位杭州市属医院优秀护理人，她们中有的已经在护理战线上默默耕耘几十载，也有的年纪轻轻就崭露头角，她们都有一个共同的特点——有一颗把护理工作视为毕生事业的拳拳之心。

如果说成就护理事业需要倾注大爱，那么本书可算得上是一本承载了大爱的书。我相信，不论什么样的读者，都可以从中感受到满满的正能量。如果你是一名护士，可以在同仁的身上找到自己的影子，唤起心中的共鸣，激发前行的动力；如果你是一名有志于从事护理工作的学生，可以循着前辈的足迹确立自己前进的目标，把稳前进的航向；如果你是一名普通的读者，可以从中看到一群为病人康复默默奉献的可爱的人，通过一个个鲜活动人的故事切实感受“天使”的模样。

本书篇幅不长，书中所记载的优秀人物和先进事例相对于我们每日所见、不计其数的优秀护理人员来说，不过是冰山一角，然而将此书编撰付梓仍是一件意义重大的事，是对南丁格尔精神的传承和发扬。借此机会，我要向广大兢兢业业、默默奉献的护理界人士表示由衷的敬意，也衷心感谢在本书编著出版过程中付出辛勤努力的杭州师范大学钱江学院护理分院陈雪萍院长、邵鸯凤副书记，以及30多名学生。我相信，在社会各界的共同努力下，“人道、博爱、奉献”的南丁格尔精神一定会代代传承，日久弥坚，我们的“白衣天使”们也一定会一如既往地秉承着高尚的职业操守，胸怀无疆大爱，点亮一朵朵生命之花。

（杭州市卫生和计划生育委员会党委书记、主任）

2016年10月

序(二)

在年初的工作交流中，得知护理分院打算编撰一本关于优秀护理人的访谈录作为分院护生培养读本，我觉得这是一件非常有意义的事情并予以了鼓励。在近半年的时间里，分院师生走访了杭州市 10 家市属医院的 56 位优秀护理人，并将他们的优秀事迹和工作心得一一整理编撰成文，花费了大量心血和业余时间，非常不容易，他们高效务实的工作让我甚感欣慰。也正因此，在《榜样的力量——优秀护理人访谈录》(以下简称《榜样的力量》)一书付梓之际，我欣然答应为该书作序。

本书所登载的优秀护理人都很平凡，但又都很伟大，他们以自己的点滴言行默默践行了“人道、博爱、奉献”的护理精神，处处闪耀着人性的光辉，使我对护理这一职业有了更深、更直观的感受和认识。相信参与访谈的学生及此书的读者们也都会为他们的职业精神所感动。

时代的脚步愈是前行，人们愈是需要信仰与时代精神的支撑，其中也包括职业精神。在 2016 年全国两会上，李克强总理的政府工作报告中首次提到了

“工匠精神”。“三百六十行，行行出状元”，人人都有不同于他人的强势智慧和能力。修齐治平的儒生精英，谋划出登高望远、经国济世的社会大略，是一种价值成功和卓越智能；默默无闻、波澜不惊的技术人员、勤杂人员等，通过劳动让社会完美有序、健康整洁，展示的同样是一种不可或缺的积极价值和优秀能力。他们的平凡美、力量美、技术美，同样是对劳动精神、职业精神的坚韧的推动力。在我看来，“工匠精神”其实是要宣扬一种“做事文化”，“工匠”也是一个广义概念。那么，从这个意义上说，奋斗在一线的护理工作者们，他们也是“工匠”，是守护健康、捍卫生命的“工匠”，他们恪守职业道德、乐于奉献的大爱情怀，兢兢业业的工作态度，是这个时代不可或缺的“工匠精神”。

榜样的力量是无穷的，我一直觉得，树立榜样，使之成为年轻人前进的目标，是教书育人的应有之义。有人曾说：“播撒一种思想，收获一种行为；播撒一种行为，收获一种习惯；播撒一种习惯，收获一种性格；播撒一种性格，收获一种命运。”学习具体的典型榜样，往往比接受抽象的原则方法要有效得多，特别是“榜样”如果就在身边的话，你会不知不觉地受到影响，这样由一到十、由点到面，相互感染，竞相仿效，其结果自然是让更多人成长受益。

榜样的力量是无穷的。这些在专业领域取得骄人成绩的优秀护理人，是大家要共同学习的楷模，他们的精神和人生经验就是一本无字之书。2016 年 4 月 26 日，习近平总书记在知识分子、劳动模范、青年代表座谈会上的讲话中告诫广大青年：“要如饥似渴、孜孜不倦学习，既多读有字之书，也多读无字之书，注重学习人生经验和社会知识……”我们的学生，除了要积极参加社会实践外，向榜样学习，从榜样身上汲取前进的动力和成长的营养也是成长成才很重要的一个方面。所以，《榜样的力量》一书，把护理前辈们的人生经验、工作心得记录下来，是有志于投身护理行业的莘莘学子不可多得的思想养料，也可以为他们指引前进的航向。

最后，我想说的是，护理是一个具有大爱的行业，对年轻的护理专业学生来说，要想真正成为受人尊敬的行业精英，仅仅有过硬的技能是不够的，还要有无私的奉献和全心的投入；对我们教育工作者来说，在教书育人的过程中，不仅要抓好技能和专业知识教育，同时也要加强人文精神和职业精神的宣传贯彻，在这方面，《榜样的力量》一书也是一本不可多得的展现“白衣天使”职业精神的读本。

以上为粗读《榜样的力量》一书的二三感受，聊为此书序。

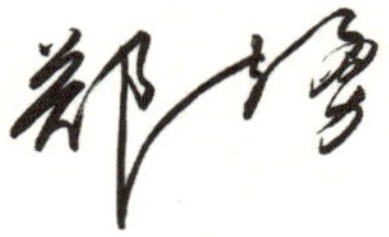

（杭州师范大学钱江学院党委书记）

2016 年 10 月

目　录

（以姓氏笔画为序）

王华萍：默默无闻，灌溉生命之花

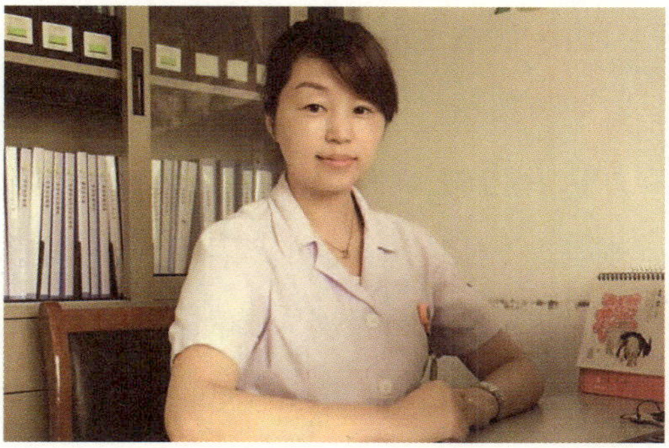

人物名片：

王华萍，副主任护师，本科学历，1993 年从学校毕业后，曾在杭州市第六人民医院从事临床工作，现任杭州市儿童医院病区护士长，兼任浙江省防感染专业委员会委员，杭州市防感染专业委员会委员，擅长各类小儿常见传染性疾病的护理。2013 年被评为杭州市卫生系统“百佳千优”的“千优”健康卫士。2015 年荣获杭州市卫计委“杭州市优秀护士”光荣称号。

人生格言：

把你的脸迎向阳光，那就不会有阴影。

年轻的心，只为你绽放笑容

灿烂的笑容，轻松的步伐，暖色的衣着，已年过不惑的王华萍老师仍然散发着青春的朝气。王老师笑着说，在她们病区，有刚出生的婴儿，有蹒跚学步的幼儿，也有每天有“十万个为什么”的孩童，每天跟这些可爱的小家伙在一起，受他们的影响，不知不觉中自己的心态也变年轻了。

王老师之前在成人医院也工作过较长的时间。她说，儿童医院的工作有它的特殊性，因为孩子还小，基本不会描述自己的病症，家长也不一定能准确描述；儿童用药比成人要求更高；儿童服药的依从性更低；等等。但是，与成人相比，孩子是天真烂漫的，他们没有大人世界的纷繁复杂，你很有爱心地对待他们，他们也能马上以纯真的笑容回馈你，这也是在儿童医院工作的幸福感和动力。

一天深夜，一位患有麻疹的小病人，由于病情十分危重、紧急，医院马上将王老师等人召回对病人进行救治。采取胸外按压、气管插管等一系列措施后，孩子的病情终于稳定下来。一直守在病人身边的父母早已疲惫不堪，紧绷着的神经在王老师的安慰下终于放松下来，他们对参与救治的医生和护士们感激至极，竟情不自禁地跪在了医护人员面前。在场的医护人员都被病人家属这种无言的感谢方式震撼了。在这个社会，每个人都扮演着不同的角色，承担着不同的使命，但是人与人之间是彼此需要的。当有人受伤的时候，唯一能够拯救、帮助他们的只有医护人员，能从事这样的工作无疑是很有价值的。王老师说，帮助了需要帮助的人，得到的或许是感激涕零，或许是冷言冷语，但身为医护人员，她始终会尽职尽责地以病人康复为己任，把工作做得更细致、更用心。

没有怨言，只为守护你的健康

王老师是在感染科工作的，被传染的风险也相对较高。科室里经常会有传染性很强的水痘患儿，一名年轻护士在护理的过程中，可能由于工作经验不足，防护措施不到位，感染上了水痘。但是她没有任何怨言，遵医嘱吃药休息，以一颗平常心对待整件事，等病好了之后马上照常上班了。王老师说，感染科

就是这样，时时处处存在着感染的危险。护士也是平凡的人，害怕被传染是人之常情，但怕是一回事，做又是另一回事。如果遇到这种事就临阵脱逃，那日后只会成为笑话。穿上护士服，仿佛有一种莫名的力量推着你无畏地向前。她说，在科室里，大家仿佛在心里达成了共识，无论遇到什么情况，大家都会坚持，而且是没有怨言地坚持。

面对生命，随时准备全力以赴

在医院工作，你永远不知道下一秒来的是什么病人，你能做的就是当你接到任何一位病人时，全力以赴地帮他脱离险境，重回健康。有一次，王老师的科室来了一位重症患者，特殊的是，由于这位病人没有听觉，她无法与人沟通。病人的内心是渴望被治愈的，但她无法诉说自己的病痛，这令王老师和其他护士担心不已。幸运的是，与她长期生活的奶奶能够理解她，奶奶是这位病人与外界沟通的唯一桥梁，是这位病人唯一的"代言人"。面对这样一位无法表达自己的病人，王老师带领着她的团队尽心尽力地守护着她，密切观察着她的病情变化，并和病人的"代言人"密切交流沟通，只希望能让这位年纪尚轻的女孩早点摆脱病痛的折磨，能让年事已高的奶奶不必整日提心吊胆。后来，病人终于脱离危险。王老师团队的付出，女孩的奶奶全都看在眼里，在病人出院时，奶奶写了一封长长的感谢信，感谢护士们对女孩的悉心照顾。临走时，奶奶和女孩回头深情地看了护士们一眼，眼角挂着泪水，泪水里有感动，也有喜悦。

王老师已工作20多年，她常说，护士面对的是一个个鲜活的生命，生命只有一次，我们谁也不能向上帝再多要一次。这是一份需要极大的责任心的工作，或许一次小小的失误就会对病人造成终生的伤害，所以即使是再小的事，也要按照最严格的标准去完成。王老师一直都是这么做的，自她工作以来，对自己的要求只增不减。她真诚待人，用心做事，收获了快乐，也让自己更加美丽！

王建女:重症精神病患者的“守护天使”

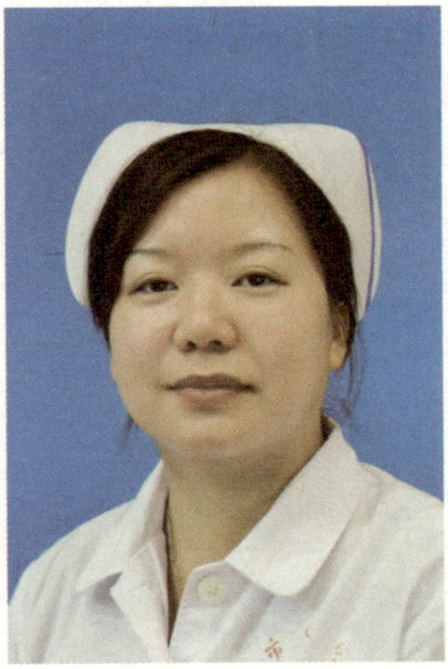

人物名片:

王建女,副主任护师,杭州市第七人民医院重症精神科护士长。曾先后两次荣获杭州市卫生局局级先进个人,获杭州市“百佳千优”护士、杭州市十佳护士、杭州市三八红旗手称号。先后在《护理与康复》《中国基层医药》《中国乡村医药》等杂志上发表论文数篇。

人生格言:

诚信做人,认真做事,以人为本,乐于奉献。

重症精神科:想说爱你不容易

从杭州市护士学校毕业以后,王建女老师就到了杭州市第七人民医院,21年来,她从精神科女病区到老年精神科,从一名普通护士到护士长,工作经历丰富了,对这份工作投入的感情也越来越深厚了。

与众多来市七医院工作的护士一样,初来乍到时,成天面对封闭式的管理和或自闭或疯癫的病人,王老师也是有些排斥的,她感到恐慌和迷惘。但随着进一步接触,王老师深入地了解了精神科的工作和病人情况,由未知产生的害怕逐渐消退，取而代之的是一份理解。从某种意义上说，这些病人和其他病人一样，都是因为身患疾病而住院，不同的是，这里的病人患的是精神上的疾病。但由于社会上错误的观念，长期以来，这些病人一直饱受误解和歧视，有许多正常幸福的家庭，因为有精神疾病患者而变得支离破碎，让人深感惋惜。王老师坦诚地说："后来，我不再排斥自己的工作了，相反，我想尽自己的最大努力去帮助他们。看到病人能健健康康地走出医院，这是我最欣慰、最开心、最有成就感的事情了！"

但是，要真正做到这一切并不容易。重症精神科的工作量大到无法想象，科室护士的人手严重不足，再加上精神科的病人与其他患者不同，特别是发病的时候，给药、输液对护士来说都是极大的挑战。王老师说，精神科的护士，不仅仅要具备精神科护理的专业知识，而且还要学习内科、外科等相关专业知识，精神科对护士的专业知识要求比较高。这里的许多病人不仅仅患有精神疾病，也有躯体疾病。由于患有精神疾病，普通医院都会拒收这类病人，这就给第七人民医院的医生和护士都加重了负担。面对这样的状况，王老师勇挑重担，带领她的团队坚守岗位，无怨无悔。

"病人康复是我们最大的动力"

王老师的一天是充实而忙碌的，她总是提前一天制订第二天的工作计划，每天的工作排得满满的：提早一个小时到达医院了解病人的病情，在查完所有的病房以后，还要帮助护士解决一些夜晚遗留下来无法解决的问题，并告诉医生需要照顾的特殊病人；排查病房里的安全隐患，为护士解决后顾之忧，让她们能够一心一意地照顾病人；与病人家属沟通，以弥补年轻护士在工作中与病人家属交流的不足；及时调动人手，使整个病区的工作能更加顺畅自如；等等。王老师告诉我们："由于工作的需要，许多护士按时下班都很难做到，往往要拖班，有时护士在工作中可能会被发病的病人误解、误伤。作为护士长，在这时就要及时和护士沟通，平复她们内心的悲伤情绪，安慰她们。”

面对这么大的工作量和特殊的工作性质，王老师始终兢兢业业，不曾放弃。她说：“护理好一个病人，让他从被抬着入院到健健康康地出院，家属对治疗效果满意，这是我们护理工作最大的挑战，也是我们工作最大的成功、最大的成就，这也是我一直坚守在这个岗位上的最大动力。”

学习为帆，方能起航

社会日新月异，无论是学科的发展还是工作的需要，医院对护士的要求都越来越高，王老师认为，学习能力是必不可少的，以学习为帆，方能让自己的职业生涯“航行”得更远。护士进入工作岗位不等于停止了学习，而应当更加努力学习以提高自己。她告诉我们，在中专毕业以后，她继续读夜校，先后取得了大专、本科的学历。尽管上班已经很忙很累，工作量很大，但她平时还是坚持翻看资料，及时补充知识。经过平时的努力，加上专业、系统地学习，王老师在专业知识方面有了极大的提升。

对目前的管理工作，王老师也有自己的心得。她认为情商在管理中显得尤为重要，但是情商又只是一方面的因素，科学的指导在整个管理结构和治疗过程中也起到了至关重要的作用。自从第七人民医院和浙江大学合作以后，王老师深深地感受到，用科学的方法去指导工作，不管是在治疗层面或者是管理层面，都比原先的经验主义效果更好。她认为，只有不断学习，才能发现更佳的管理方法和治疗方法，才能更好地为病人服务。

对在校学习护理专业的学生，王老师说了八个字——“好好学习，多多学习”。她说，护生在学校里有足够的学习时间，而且拥有很好的学习条件，一定要把握时间认真扎实地掌握理论知识，因为走上工作岗位以后，基本上不再有完整的时间去补充之前没有学好的知识。在校学习的内容未必局限于某一方面，要向多方面扩展延伸，护理专业的学生也不要只局限于护理。今后随着杭州城市国际化水平的提高，医疗国际化趋势对医护人员英语水平也会有更高的要求，现在医院也越来越注重全面发展的人才，所以，在校学生也要多多接触课外知识，拓宽自己的眼界，丰富自己的知识面，成为全方面发展的综合型护理人。

王玲华：崇尚学习，享受挑战

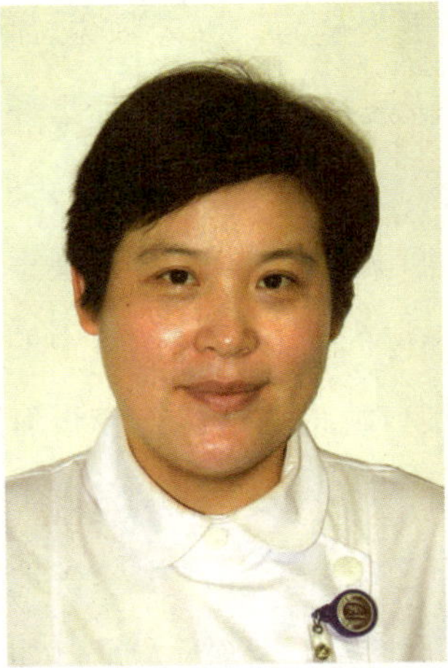

人物名片：

王玲华，副主任护师，杭州市红十字会医院护理部副主任。从业 20 余年，曾先后在《护理与康复》《中国中医药科技》等杂志上发表论文数篇，主持杭州市卫计委课题一项。

人生格言：

凡事有缘。

坚持选择，做到专业

王玲华老师留一头干练的短发，笑声爽朗。回忆当初选择护理专业时的情形，她记忆犹新。当年，王老师在父亲的建议下，选择了读护校。“当时我们学校的校长对我说，你这个成绩上护校不合算的，护士要上夜班的……”王老师率真地说，“当时我就想，夜班有什么好怕的，第二天不是照样可以睡觉吗？于是我就去上护校了。”就这样，王老师义无反顾地填报了护理专业，选择了做一名护士。

“当你踏踏实实地从事这份职业，从中找到成就感时，你不会因为它的枯燥乏味，也不会因为辛苦、劳累就想要放弃。”王老师说。她轮转过多个科室，从一个小护士，到责任护士、责任组长、ICU 的护士长，再成为护理部负责人，从业务岗位慢慢走向管理岗位，每个岗位上她都能有所学、有所得。

无论是在校期间还是在实习期间，成绩优异的她备受老师和实习带教老师的重视和青睐。正式上岗以后，王老师积极主动、认真负责的工作态度也得到了护士长的认可，工作仅两三年，她就当上了责任护士。与普通护士相比，责任护士对专业知识的要求和对病人病情的掌控要更为全面。王老师说，她做责任护士的时候，护士长时常会询问，这个病人今天病情怎么样，为什么要用这个药，等等。再比如说，跟着医生查房的时候，医生说这个病人病情有加重的情况，比如昨天晚上又发了一次心律失常，那我们就给他加点药，再观察他的电解质是否有问题，判断是否因为电解质引发心律失常。平时工作中的点点滴滴都在激发着她对医学知识探索的欲望和兴趣，她感觉这份工作很有“奔头”，因为工作不再是简单的铺床、量体温、输液、打针，不是单纯以完成工作任务为目的而跟病人毫无交流。这时候，她觉得自己与病人和医生紧密地联系在一起了，她每天关注病人的病情，看他们的化验指标，了解病人胃口如何，等等。这些看似“鸡毛蒜皮”的小事却吸引着她更加投入地工作，随着时间的推移，她的临床经验也慢慢积累起来。

再后来，她做了 ICU 的护士长，业务上已是游刃有余的她，开始涉猎、学习行政管理方面的知识。从某种意义上说，ICU 是能接受到很多医学最前沿知识的地方，不管是仪器还是设备，都代表了一个医院对危重病人的抢救能力。在

ICU，她如饥似渴地学习，深感自己在学校里学到的都只是皮毛而已，她觉得自己有很大的进步空间。看着病人在她们的护理下一天天好起来，她也很享受工作的成就感。她说，工作中有很多令人感兴趣的东西，只要你肯付出，工作会回赠你相应的收获。护理是一门技术，所以护士必须是专业的人员，但前提是不断学习，去适应专业发展的需要，真正具备专业的能力和素质。

每一次与死亡搏斗，都拼尽全力

王老师还是ICU护士长的时候，有一位年纪很轻的病人被紧急送到医院治疗。这个病人被诊断为红斑狼疮、重度肺部感染，基础疾病也很多，同时伴有不明原因的低钾症状，这种与电解质紊乱有关的病症很容易导致心跳骤停，这对年轻的生命来说是一颗随时都会爆炸的“死亡炸弹”！

为了不让这颗可怕的“炸弹”爆炸，王老师和她的团队每隔几个小时就测定患者的电解质以防止意外的发生。王老师回忆说：“那天下午两点半的时候，这个病人的心跳‘啪’一下就骤停了！但是我们的责任护士也很有经验，马上对患者做心肺复苏。因为这个病人年纪轻，如果心跳骤停，会引起脑子缺血缺氧，可能会成植物人，还好抢救很及时，病人醒来时脑子也很清醒，一点后遗症都没有。”本来以为病人已过了“鬼门关”，但到了第二天中午，王老师正好在家里休息，责任护士打电话给她，说患者中午又发生心跳、呼吸骤停，幸好护士们又抢救及时，又把病人从“鬼门关”救了回来。王老师说：“这样的病人正是考验了护士团队的凝聚力和应急能力。”

护士的神圣也许就是在这个时候体现的，她们不止一次把病人从死亡线上拉回来。王老师说：“这是让护士最有成就感的事了。这种时候，如果让我加班到天亮，这个病人会好起来，我肯定毫无怨言！不光是我，我相信所有医生、护士都是这样的。”她说，有的时候，因为怕病人出现突发状况，主治医生甚至会躺在病人旁边的床位上，不敢离开，就怕病人心脏骤停。其实每个医护人员都希望病人得到最好的治疗，希望每个病人都能健康，病人身体康复是他们最大的心愿，也是他们坚持下去的动力。

成功没有秘籍，唯有不断学习

“上岗之后，并不意味着学习结束，而是真正的开始。”王老师真诚地告诉我们。不仅在业务上，在为人处世方面，也需要学习。即使在临床工作了很长时间，王老师也不是机械、麻木地工作，相反，面对每日相同的工作，她仍然不停止思考，时时刻刻都在反思，因为只有扎实的知识和丰富的经验，才能胸有成竹地解答病人的疑惑。“我到现在还是不停地在学习，之前在读研究生，现在工作之余做一些科研，写点论文，所以无论方向是什么，如果有成功的秘籍的话，第一是学习，第二还是学习！学习让我建立了自信，也会越来越热爱这个专业。”王老师说。

都说一个人最难的就是长期的坚持，因为坚持是“逼迫”自己一心一意地去完成同样一件事，但凡掺杂着丝毫的三心二意，便不能再坚持。王老师说：“既然选择了，那么就无怨无悔地走下去，不停地学习，不断提高自己。”王老师鼓励在校护生们，要练好本领，将来更好地为病人服务。

孔晓华：医者仁心，止于至善

人物名片：

孔晓华，副主任护师，杭州市红十字会医院结核科护士长。1985 年参加工作以来，在护理工作岗位上兢兢业业奋斗三十余年。曾被评为杭州市十佳护士。

人生格言：

止于至善。

心系病患，体会人生价值

也许是因为崇拜白大褂的神圣，也许是为了完成母亲的心愿，年少时的孔晓华就希望成为一名“白衣天使”，那时的她还不明白这个美丽的称呼背后，是无数的辛劳和付出。走上工作岗位后，孔老师才对此深有体会。“七点半到达医院后，忙碌的一天开启了：参加病区的晨间护理，大交班，查房，了解病情，与病人家属进行沟通……每个楼层走一走，重点病人查看一遍，一天很快就过去了，时间根本不够花。”孔老师说。

除了常规工作，孔老师还有一项“重要”工作——疏导护患之间的“情绪”，为病人排忧解难。几乎每一天都会有护士在办公室发牢骚：某某病人特别难弄，家属也特别难弄，等等。每当这个时候，孔老师就会抽时间跟病人和病人家属去沟通，了解真实情况，然后去开导护士。有一次，一个93岁的老太太住到了她们医院，只交了300元押金。老太太有两个儿子、一个女儿，因为是传染病，女儿戴着口罩远远地站在门口，儿子机械地安排着母亲，显得非常笨拙。当时子女们的态度既紧张，又焦躁不安，对护士们语气很不友善。孔老师得知这个情况后，马上就去和家属沟通，才发现这其中有一些误解。老太太身上带的现钞不多，再加上门诊化验的时候用了好多钱，所以只交了少量的押金，其实老太太有农保，住院费根本不成问题。家属害怕传染病也很正常，老太太的外孙女刚刚怀孕，所以女儿怕传染给孕妇；儿子因为平时不会照顾人，所以也不知所措。了解清楚情况后，孔老师找到了问题的症结，家属们还请求孔老师找个保姆代为照顾。孔老师二话不说，马上帮忙找了个保姆，问题解决了，后来家属跟护士的相处也很愉快。

孔老师说："尽管很辛苦，但是这个工作是非常有意思的，认真做，投入做，就会发现其中的乐趣与价值。"孔老师已到五十而知天命的年纪，少了份对生命的迷茫，多了份对人生的感悟。她说，人的一生很短暂，我们要考虑的问题是：我们选择什么样的方式活着？我们为了什么活着？回首自己的人生，孔老师说，护士这个职业让她更明白了做人的意义，所谓医者仁心，作为医护人员，她学会了换位思考，将心比心地体会病人的痛苦和不易，帮助他人解决问题，给予别人生的希望，这些都让她觉得自己的人生是有价值的。价值感和成就感是金钱或任何物质的东西代替不了的，有些东西虽然是无形的，但可以回味一辈子，这就是这份工作的意义。

仁心仁术，两者不可或缺

做好这份工作，不仅要有过硬的业务能力，还要有做善事的心。孔老师开玩笑说："我挺会多管'闲事'的，特别是一直好不起来的病人，我就会用心地去观察。生老病死的规律我们固然抗拒不了，但我们可以通过努力去改变我们可以改变的东西。"

孔老师的病房里曾有个16岁的小伙子，得了很严重的肠结核性腹膜炎，经胃管引流后一直没好起来。孔老师一摸他的腹部发现很硬，她判断肯定是腹膜炎外加肠梗阻没有得到改善。但是内科的保守治疗是抗结核治疗加上胃管引流，引流每天有东西，但是肯定不畅，那么腹膜炎可能就比较复杂。在内科治疗效果不佳的情况下，如果再这样治疗下去，病人最后肯定等死，所以非常可怕。孔老师看在眼里急在心里，她当即就跟家属沟通，让他们了解病情和治疗效果不好的原因。同时跟他们说明外科手术上的困难，可能打开腹膜腔后，因为肠壁水肿，肠壁很薄，一不小心肠就会穿孔，手术风险太大；外科医生也担心，家属如果理解不了的话，到时候容易引起医疗纠纷。孔老师告诉家属，目前唯一可以尝试的就是放肠管，但能好起来的概率只有50%不到。家属表示愿意尝试后，她又和主任、组长科主任、消化科主任去沟通，后来终于成功放好了肠管。虽然效果还不能马上看出来，但做了总比不做要好得多，对这个小伙子来说，命运就有可能改变。

孔老师说，现在医患关系紧张，大部分是因为沟通不充分，其中有客观因素，也有医护与病患的主观原因，所以耐心沟通很重要。在这个浮躁的社会中，过分追求物质只会让人的心态失衡，所以调整好心态，静下心来好好做事，被病人需要和认可，这时候的感觉是最开心的。某种程度上说，护士的社会地位是靠自己扎实的专业知识、责任心，以及爱心去赢得大家的认可而得来的。

学会做人，学好专业，多读好书，这是孔老师给在校护生的三点建议。学会做人，是要树立正确的人生观和价值观，培养自身对职业的信心。学好专业，是一个护士的立身基础。孔老师在学生时代也是"学霸"，对过去所学的知识依旧记得很熟，现在的她深刻体会到基础扎实的重要性。多读好书，可以开阔视野，增长见识。孔老师有非常好的读书习惯，每天工作忙完，她肯定会看看书，历史、哲学、儒家经典她都有所涉猎，她说，读书使人明智，使人心胸开阔。很多事情没有对错，每个人判断的角度也都不一样，书读多了自然能豁达地面对人生。

冯国和：笑对人生，无限美好

人物名片：

冯国和，主任护师，杭州师范大学附属医院（杭州市第二人民医院）党委委员、护理部主任，杭州市护理学会副理事长，杭州市护理学会门急诊专业委员会主任委员，浙江省护理学会理事，杭州师范大学医学院兼职副教授，浙江医学高等专科学校兼职副教授。曾多次担任省、市护理操作竞赛的评委和卫生系统组织的护理质量检查专家。擅长急救护理，能指导急、重、疑难病人的护理计划、护理会诊和重危病人的急救护理，在各级各类杂志上发表论文15篇，担任课题10余项，研究成果曾获杭州市科技进步三等奖、杭州市卫生科技创新三等奖。

人生格言：

向不同行业的人学习，记住，要用请教的态度。

因为喜欢，所以执着

初见冯国和老师，冯老师就给采访组留下了美好的第一印象：始终保持着微笑，待人十分和善，看起来比实际年龄年轻得多，精力充沛，言谈中透着干练。面对采访组，她侃侃而谈，从跟她的谈话中我们看到了她对工作的热爱，对专业的自信。

众所周知，护士是一个比较累的职业，尤其在急诊科。急诊科的护理工作很不容易，而当年冯国和却在急诊科一待就待了 18 年，其间当了 14 年的护士长。说起她在急诊科的工作，冯老师的眼睛就闪亮起来，可见她是发自内心地喜欢急诊科的工作。她说："我很喜欢跑来跑去这种感觉，抢救病人是一件很有意义的工作。"冯老师还有捣鼓机器的"癖好"，以前她们科室有台老的呼吸机，被冯老师拆下来再装上，不知道弄了多少遍。打针也打得比别人快，哪里需要她，她就跑去哪里。她笑着说，她的操作能力就是这样练出来的。后来院领导要把她调到人事科，尽管她在人事科的工作也十分出色，但她还是千方百计地想回到护理工作线上，她多次向院领导表达意愿，她觉得自己的专长是护理工作，她对这个职业充满信心，哪怕回到护理部做个干事也好。后来，领导看她这么喜欢护理工作，就让她回到了护理工作线上，之后她担任了护理部主任。当上护理部主任的冯老师，成天也是忙忙碌碌，不知疲倦。现在的她已经差不多接近退休年龄，她笑着说："我很珍惜这种生活，越来越觉得，工作着就是美丽的。有些人说不喜欢护理这个专业，我是真的觉得挺好的嘛。忙忙碌碌地工作，我觉得挺有成就感的。"

面对自己想要的，喜欢的，冯老师就会毫不犹豫地去追求，并且尽力做到最好。她告诉采访组的同学们，既然选择这个专业，从事这个职业，就要热爱它，就算明天要改行，也要把今天的工作做好。不要因为明天不做了，今天就懒懒散散，这样的人不是一个合格的护士，甚至可以说是一个不合格的人。

领悟生命，人生也更加通透

在 18 年的急诊科工作生涯中，冯老师抢救了无数的病人，目睹了许许多多的生生死死。冯老师回忆说，以前医院旁边有个煤场，有一次汽车卸煤时把一个人活生生压在了下面。当时这个人送到医院时，心跳、呼吸都已经骤停了，但她们还是不断地给他进行心肺复苏。终于病人有一点好转了，但没过多久心跳、呼吸又骤停了，病人最终还是没能逃过死神的魔爪。她在整理尸体的时候，百思不得其解，不明白为什么病人有一根湿淋淋的带子，后来才发现那根“带子”竟是病人腹腔破裂而露出来的小肠。怀着遗憾的心情，冯老师默默地剪断了那根“带子”，给死者留下最后的尊严。也许是生命的消逝带来的震撼，这成了冯老师生命中久久不能忘却的事。她的工作见证了生生死死，也令她领悟到了生命的真谛。

随着年龄的增长，她对人生的理解也更加通透了。冯老师开玩笑地说，眼睛虽然老花了，看起东西来越来越模糊，但是心却无比明了。无论对工作还是生活，她都有一种难得的睿智，用她的话说，鸡毛蒜皮的事不需要非理出个什么来，但是在大是大非上，不能够差一分一厘，有时候差一点，导致的结果却会相差十万八千里。在工作中，要与同事好好相处，互相理解。人无完人，我们不可能不犯错，但犯了错误，我们要勇于承认并道歉。语言很浅显，但道理很深奥。

她还常常叮嘱后辈们，从事护理工作一定要有一个健康的身体和乐观豁达的心态，许多事情都要看开些，要怀有一颗仁慈之心。同时也要珍爱家人，平衡工作和生活，做一个快乐的人。冯老师说，在急诊科的时候，她成天像打了鸡血一样，病人看她成天笑嘻嘻的，就问她难道没有烦恼吗。冯老师说，怎么会没有烦恼呢，开心也是一天，不开心也是一天，解决不了的问题发愁也是没有用的。她说："现在我的护士长们永远不可能在办公室找到我，我每次都说你们别来，有什么事我来科室找你们。护士长们开玩笑说，'冯主任经常跑到临床上为我们服务'。保安也经常说，'哎哟，冯主任你今天跑了多少次了啊，好辛苦'。我就说，人家花钱到健身房去锻炼，我上班这么跑跑哪里不好了呢，对我的身体也有好处的嘛。"冯老师笑呵呵地说，她是跑来跑去自得其乐，还省去了下属们跑来找她的时间呢。

实践出真知

对将来要从事护士工作的学生们，冯老师给出了几点建议。她说，护理是一个实践性非常强的专业，学习的知识再多再扎实，在临床上还是可能会达不到所需要的状态，所以除了在校期间要多学习理论知识，还要将理论与实践结合起来，相辅相成，缺一不可。实习甚至工作过程中，要多翻翻医生写的病历，看看怎么写的，检查结果怎么样，然后多观察，多问，回去以后再结合书本知识好好领悟。这样，知识与理论更能融会贯通，发挥最好的功效。冯老师说，她在急诊室工作的时候有一个习惯，每天上班一到医院，马上将抢救室的病人的病历翻一翻，再去病人那里看看，这样一来对病人的情况就了解清楚了。慢慢地积累，很多年以后，功底就非常扎实了，工作中也是熟能生巧。想要有底气就必须要有扎实的知识和技能，练好技能没有捷径，唯有多练。她举例说，看一百根阑尾和看一万根阑尾，谁的水平高，这说都不用说，肯定是看一万根阑尾的人水平更高。而且光背理论是不够的，有的东西一定要靠临床实践，看过病人以后印象才会深刻，比如阻塞性黄疸，看过以后才会知道原来有那么黄，这样一辈子都不会忘记。经验丰富以后，别人需要两个小时解决的问题，自己可能只要半个小时就好了。

她认为，无论做什么事情，适合自己的才是最好的，不要一味地追求不适合自己的。有一句话说得好："最好的不一定适合你，而最适合你的一定是最好的。"护士虽然是一份辛苦的职业，但已经开始被更多的年轻人认可和选择，相信未来护理行业会发展得越来越好，而且更为人所尊重和理解！

冯莺：把中医护理事业发扬光大

人物名片：

冯莺，主任护师，杭州市中医院护理部主任，浙江中医药大学硕士生导师，杭州师范大学兼职教授。兼任浙江省护理学会常委理事，浙江省科普工作委员会主任委员，浙江省中医护理质控中心副主任，浙江省中医药学会护理分会常务理事，浙江省（杭州市）医疗事故鉴定及职称评审专家库成员，全国护理培训师，卫生部人才培训中心师资选拔试讲评委；杭州市护理学会副理事长，杭州市静脉输液委员会主任委员，杭州市护理质控中心副主任，杭州市中医护理质控中心副主任，杭州市中医药协会常务理事，杭州市护理专业委员会主任委员，杭州市针灸推拿学会常委理事，杭州市中医护理适宜技术专业委员会主任委员；《中华护理杂志》《中华现代护理杂志》《护理与康复》编委，《全科医学临床与教育》杂志审稿专家。

人生格言：

平凡的工作坚持一辈子亦就不平凡了。

南丁格尔，永远的荣光

冯莺老师1981年参加工作，她将一切都奉献给了自己热爱的护理事业。在她的工作生涯中，曾有多次转行的机会，但她因为热爱，所以始终坚守在护理岗位上，无怨无悔地工作着，用她的话说，她与市中医院共成长，深厚的感情无可替代。

1987年，冯老师作为“友好使者”被杭州市派到日本进行学习和交流。她在日本护校的三个月里，了解了日本的护理教育，之后又辗转去了一家日本公立医院进修。其间，冯老师正好有机会参加了“5·12”国际护士节的授帽仪式，那也是她第一次参加授帽仪式。当灯光熄灭，手捧蜡烛的她，想到南丁格尔说的“燃烧自己，照亮别人”，内心充满着难言的激动，她为自己能从事这个神圣的职业而感到无比自豪。现在，冯老师每年都以护理前辈的身份，去给护生授帽，每到这个时候，当年被授帽时的激动就会在心中重新荡起，她一辈子都不会忘记那个神圣的时刻。她坚信，成为一名护士是一件非常光荣的事。把南丁格尔精神印在心里，付诸行动，并把它传承下去，就是冯老师毕生的追求。

感念恩师，引领成长

冯老师说，她对护理事业执着的追求，也是受几位恩师的影响，他们是冯老师的人生导师，引领着她成长为一位非常优秀的护理人。我们忽然感觉到，南丁格尔的精神也许就是这样通过一代又一代人的努力传承下来的，一个优秀的人的背后，肯定有许多优秀的人影响了她、触动了她、启发了她，这就是榜样的力量！

在冯老师的工作生涯中，对她影响很大的第一个人是她在杭州市第一人民医院实习时的带教老师。当时的冯老师在老干部病房实习，有些老干部住院的时间很长，他们年纪大、输液多，静脉相对来说比较难打，而且他们的要求也比较多，如果是不信任的护士都不愿意让她们打。冯老师的带教老师是个技术很好的人，其他护士打不进的针都会请冯老师的带教老师去打，老干部们对她也非常信任。在实习中，带教老师会非常认真仔细地寻找静脉，找好以后就让冯老师去注射。冯老师一开始很害怕，觉得别人都打不进去，更何况自己只是一个实习生而已。"万一打不进怎么办？"冯老师对自己很不自信，毕竟还没有什么经验。但是在带教老师的指导下，成功了几次后，冯老师对自己越来越有信心了，她觉得别人做得到的事自己也可以做到，再加上刻苦练习，专业能力也日渐提高。

除了专业知识，冯老师还在带教老师身上学到了许多其他东西。从带教老师的一言一行中，她学到如何通过沟通去取得患者的信任，还有对待病人要有责任心、细心与爱心。比如说选择静脉，一定要尽可能保证找到的静脉是能够成功注射的，草草了事，只会增加病人的疼痛；如果遇到肌注特别多的病人，很多药物反复在一个部位注射很容易引起局部的硬结，冯老师的带教老师就用切片的马铃薯在硬结的部位局部外敷，以此来消肿散结。从此，主动去帮助病人解决问题的观念深入了冯老师心里，在她今后的工作中，她始终把病人放在第一位，热心帮助，毫无保留。

冯老师还提到一位对其影响很大的人物，就是现任的王永钧院长，当时王院长是肾内科的科主任，冯老师担任肾内科护士长。尽管王院长的年龄大，但是他总是第一个到科室，最后一个回家。冯老师觉得自己不能比王院长晚到，不然多难为情啊。于是冯老师每天也早早地上班，为一天忙碌的工作提前做好准备。王院长每天花 16 个小时在学习和工作上，他的敬业态度和勤勉的工作作风深深地影响了冯老师和她的整个团队。

关怀后辈，感同身受

冯老师说，当自己照顾的病人病情好转，并向自己表示感谢的时候是最开心的，当然在护理过程中不被病人理解或者受到委屈的时候内心也是难受的。即使走上管理岗位，护士们的委屈她依然感同身受，她像母亲一样关心着后辈。就在不久前，一名外科护士在给一个糖尿病肾病伴发脚部感染的患者治疗时，由于患者出现精神障碍症状，当护士去给她换液体用 PDA 扫描确认身份时，仪器发出的“滴”声突然刺激到患者，那位大妈猛然坐起来就给护士一记耳光，还大声叫喊着“你们要害死我”。

第二天，院领导和冯老师知道此事后，前去安慰那名护士，护士脸上仍然能看到鲜明的手指印，这让冯老师心疼不已。那位挨了耳光的护士说，后来她看到患者的嘴唇上都是血，害怕患者自残，又不计前嫌地安慰患者让她安心，并表示护士们不会害她的，而是要给她治病。冯老师听了之后很感动，那名护士没想过她过去安慰大妈时会不会再挨一记耳光，而首先考虑的是病人的情绪和病情。冯老师欣慰地告诉我们，这名护士的无私精神是非常值得大家学习的！随即冯老师又痛心地感叹道：“说句实在话，我真的非常心疼这名小护士，在家里谁不是父母的掌上明珠呢？今后，要加强医院和病人家属以及医生和护士间的沟通，尽量避免此类事情再发生。”在冯老师的诉说中，我们仿佛感受到冯老师并不仅仅是后辈的领导，她真的就像护士们的母亲一样，为她们的一步步成长和成就感到无比自豪，同时也为她们在成长路上遇到的困难和坎坷心疼不已。只有深深爱着这些后辈们，才会有这么矛盾的心情吧！

传承创新，执着于中医护理事业

冯老师觉得护理工作真的很有意义。她说，护士不是简单的打针发药，而是有很多其他的事情值得去做，值得去研究。作为中医院的护士，一方面要把中医里那些优秀的技术和方法传承下去，另一方面，在碰到新的问题时，还需要融会贯通地思考如何去创新和改变。她专攻护理管理及中西医结合护理，她主持、参与完成的省中医药管理局、市科技局课题就有 13 项，其中主持课题 8 项；她的研究成果曾多次获奖，有第四届中华护理学会科技三等奖、浙江省中医药科学技术二等奖、2013 年杭州市十大成果创新奖、市级科技进步奖。同时，相关研究成果发表于《中华护理杂志》等国内核心期刊，且获全国青年中医优秀论文奖，浙江省中医药优秀论文二等奖，杭州市自然科学优秀论文二、三等奖，杭州市医药卫生优秀科技论文一等奖，等等。

“目前中国人口越来越多，老百姓的健康意识也越来越强，而且社会正处于老龄化阶段，慢性疾病的发病率也很高，护理在这个方面可以发挥很大的作用。与发达国家相比，我国还远远达不到标准，所以中国还是很缺护士的。”冯老师希望更多的人能加入护理的团队。

她说：“2013 年，中华护理学会加入了国际护士会，我们要走出国门去了解世界的护理。同样，很多国家也想来了解中国的护理模式，这是一个很好的平台和契机。”冯老师认为，一方面，我们可以去学习国外先进的护理技术来提升护理质量；另一方面，我们也要把握中医护理发展的良好机遇。从国家现行的医改政策来说，中医的特色和优势可以得到充分发挥，而且各级领导越来越重视。屠呦呦获诺贝尔奖让中医药事业备受瞩目，瑞士在 2016 年已经把中医药的治疗列入护理范围，中医护理逐渐得到世界的认可，这对中医护理发展来说，是一个非常好的契机。落到实处来说，中医治疗和护理越来越受老百姓的欢迎，因为它简便，疗效又明显，作为一名中医护士，在西医没办法解决问题的时候，还能用中医的办法来治疗，这样可以给病人带去更多的治疗方法、更好的解决方案。另外，就杭州来说，杭州正在深入地推进城市国际化，中医护理是非常具有中国特色的，也可以成为医疗国际化中的特色内容。冯老师对中医护理充满希望，她也希望有更多的护理人来传承、发扬、创新中医精粹！

冯惠春:以精湛技术和真诚服务赢得口碑

人物名片:

冯惠春,副主任护师,杭州市肿瘤医院护理部副主任,曾任职于杭州市第一人民医院。在省、市有关单位举办的护理操作大赛中,多次荣获"操作能手"称号;多次被评为院级先进工作者,局级先进工作者;获杭州市卫生系统"百佳千优"卫士评选"千优"卫士称号,2015年被评为杭州市"优秀护士"。曾在一级期刊发表论文1篇,省级杂志上发表论文2篇,拥有发明专利1项。

人生格言:

善待身边每个人。

学生时代是学霸,工作当中是能手

冯惠春老师是一位"70后",在她所处的那个时代,能考上中专的学生算得上是学霸,可以说,能去上个中专然后分配到一个不错的工作是她们那个年代人的期待。中学时代的冯惠春,成绩总是名列前茅,上个中专自然是绰绰有余的。在填写志愿的时候,为了不和她的好朋友分开,在为数不多的专业中,她和她的朋友选择了护理专业,最后她以高出分数线60分的成绩被录取。就这样,她们一同踏入了护理行业,转眼间已过去20多年。

学生时代的冯惠春是一名学霸,在工作中,她也善于学习和钻研,练就了一身精湛的技术,是一位临床操作的能手。临床操作考验的虽是动手能力,但也需要深厚的理论功底支撑,因此,冯老师工作之余仍不忘学习,努力提高自己的理论水平。她的理论基础越来越扎实,一些专业术语、专业知识,她早就烂熟于心,张口就来。2008年,她又通过自身努力取得了大学本科的学历。她还结合平时工作中的积累,积极投入科研中,她申报的《临床护理路径在医院质量管理中的应用研究》《基于移动互联技术下的肺癌患者放射治疗依从性和自我管理效能感的应用研究》获批杭州市卫生科技计划(一般)项目,之后在高级别的刊物上也发表了数篇论文,还获得一项护理用品的发明专利。

她的临床操作能力在同行中也是拔尖的。2001年,她在杭州市团工委举办的护理操作大比武中荣获"操作能手"称号;2002年,在杭州市卫生局举办的护理操作比赛中取得第一名的好成绩;同年,她又获得"浙江省操作能手"称号;每年的院比赛,她都能获得好成绩。从市一医院调入杭州市肿瘤医院后,在三年间,她带领的科室先后被评为"局级先进科室""青年文明号"等。

以真诚的心服务病人

冯老师说,一个人从出生到死亡,一生中必然要接触医护人员,也就是说,在世界上所有的职业中,医护人员是每个人都会打交道的。不为良相,便为良医。虽然现在的医患关系问题较多,但大多数的患者还是信任医护人员的。在媒体"猎奇"的引导下,人们关注点也不再是平淡如常的事,他们更愿关注违反社会人伦常理的新鲜事,社会喧嚣浮躁,这也给医护人员的工作环境造成一定影响。在这样的社会环境中,冯老师认为,关键是自己要静下心,不要忘了

最本真的东西,要相信大多数人都是好的。在医院,与患者沟通得最多的是护士,从某种意义上来说护士是患者在医院的一种依靠,护士对他们的关心更有一种非凡的意义。

当然,冯老师也碰到过不被人理解的时候。有一回来了一个醉酒的病人家属,他认为他的妈妈应该 24 小时有护士陪在身边,不管护士怎么解释,他都极不配合治疗,甚至对冯老师恶言相向。冯老师当时很生气也很郁闷,但是她马上意识到,对方毕竟是醉酒之人,人在醉酒的状态下言语和行为并非自己能控制,自己作为医护人员,只能带着宽容和包容的心去看待。

"用自己的真心对待每一位患者"一直是冯老师遵从的原则,她说,如果只是按照流程规定,机械地去完成一项项任务,每一个有经验的护士都能做到,但要和病人建立良好的感情,实现有效的沟通,就必须靠真诚的服务去感染、打动病人,这样才能获得他们的信任和支持,为自己赢得口碑。

越努力,越幸运

在冯老师看来,优秀成绩的取得一定是和努力付出分不开的,越努力,越幸运。她举了个例子,一架飞机上一般都有一个机长,两个副机长,还有很多空姐,如果你把自己定位为机长,那你就要具备机长所应该具备的所有硬件条件和能力。在医院也是这样,你要在职称或职务上一个一个台阶地上去,你就要努力让自己的条件符合要求,愿意付出、愿意吃苦的人,肯定获得的也更多,这是在任何岗位上都适用的道理。

冯老师认为，这个道理也同样适用于在校学生。首先，学生一定要把理论知识学得很扎实，因为这是受用一生的东西。病人一个小小的主诉，其背后隐含的可能是一个疾病的变化，如果学得不够扎实的话，可能连一个腹痛都不知道怎么查，考试考 99 分的人和考 30 分的人肯定是不一样的。其次，理论和实践要密切地结合，同样是打针，有的护士打起来就不痛，为什么呢？因为她学习的时候就关注到哪些部位神经末梢比较丰富，在这些部位注射引起的疼痛感强烈，所以在实际操作中，她们会下意识地避开这些部位。没有用理论去指导工作，工作起来势必是毫无头绪的。一个优秀的护士在临床上一定是理论和操作都很扎实的，这就需要每位护士积极主动地工作，多看多问多动手。此外，冯老师告诉我们："护理是跟人打交道的工作，一定要努力培养自己的情商，多领悟为人处世之道，才能在今后的岗位上获得更好的发展。"

宁丽:用青春书写使命与担当

人物名片:

宁丽,副主任护师,杭州市第一人民医院护理部副主任,浙江省护理学会行政专业委员会秘书,杭州市护理学会理事,杭州市护理质控中心秘书,杭州师范大学医学院兼职副教授。曾获"杭州市卫生局局级优秀团员"和"杭州市优秀青年岗位能手"等称号。以第一作者身份发表论文10余篇,主持多项省、市科研项目,曾获得杭州市自然科学优秀学术成果奖二等奖、杭州市卫生科技创新奖三等奖。

人生格言:

永远简简单单,永远理想主义。

采访前,当得知今天要访谈的对象是市一医院的护理部副主任时,我们的第一反应是,她应该是一位有着丰富人生阅历和工作经验的长者,但是当我们见到宁丽老师的那一刻,才知道原来她是一位"80后",这也激起我们极大的好奇心——她应该是一位很有"故事"的老师。

西子湖畔的“邂逅”

宁丽老师2003年从安徽医科大学护理学专业毕业后,就以第一名的成绩被安徽省立医院录用,但机缘巧合的是,最后她来到了坐落于西湖边的杭州市第一人民医院工作。原来,在宁老师毕业那年,像很多大学毕业生一样,在解决了工作之后,宁老师便带着轻松愉悦的心情开始了参加工作前的最后一次旅游,旅游目的地就是杭州。来杭旅游期间,她得知杭州市第一人民医院在招人,只是抱着试试看的想法,她投了一份简历。没想到,她很快就接到了市一医院的笔试面试电话,最后她顺利过关,被录用了!那一刻,宁丽老师既兴奋又犹豫,兴奋的是有机会可以到美丽的西子湖畔开始自己的护理生涯,犹豫的是这也代表着她从此必须远离家乡,这对一位从小习惯在父母身边生活的女孩子而言,不能不说是一个不小的挑战。最终,好强的宁老师选择了遵从自己内心的想法,离开家乡,来到杭州市第一人民医院工作。缘分就是这么奇妙,宁老师的生活轨迹因一次偶然的旅游发生了改变。2010年,仅仅参加工作七年的宁丽老师就走上了护士长这一岗位,并从2012年起担任杭州市第一人民医院护理部副主任。

挫折使人成长

或许正应了一句话:理想很美好,现实很骨感。刚到市一医院工作不久,病人就给宁老师来了个“下马威”。在为一位病人输液时,由于消毒的棉签掉在了地上,宁老师看着无菌面未被污染,就直接接上了液体。但此时病人暴躁了,认为宁老师怎么可以不再次消毒就直接输液,最后还怒气冲冲地到护理部投诉了这件事情。也许是操作习惯的不同，也许是语言表达的障碍，但是无论如何，这件事对于刚踏上工作岗位的宁老师来说的确是一个巨大的打击。按照她的话说，那时的她怀疑过自己的选择。

那天，宁老师在西湖边上坐了很久，想了很多，看着西湖边如织的游人，她终于明白：选择就是为了坚持，不能因为一点挫折就打退堂鼓。打定主意后，她当即回到医院，认真写了一份检讨书，并在接下来的工作中虚心向有经验的同事学习沟通技巧，跟着电视学杭州话，努力融入杭州的文化氛围。

后来，这件事情最终得到顺利解决，而且，令人意外的是，因为宁老师写了这样一份情真意切的检讨书，让护理部发现了她的写作才能。当宁老师笑着诉说这件事的时候，我们忽然明白，原来机会不一定属于顺境，把握住逆境中的机会或许对于一个人的成长更为重要。

时间带不走的，是那一份感动

当我们问宁老师工作这么长时间，最让她感动的事是什么的时候，宁老师的眼圈红了一次又一次。那一瞬间，我们没有做任何事情，没有递纸巾，没有轻声安慰，只是静静聆听着，和她一起细细品味着属于她的感动。我们想，这是一个何其幸运与富有的女子，当她回忆起过往，有着忍不住嘴角上扬的荣誉，也有着不禁潸然泪下的感动。

宁老师还在心内科值夜班的那段

时间里，夜班工作似乎存在着一个“怪圈”，每当轮到她值夜班的时候，一定会收到好几个危急重病人，这样一来，整个夜班就会异常忙碌甚至拖班。有那么一段时间，宁老师非常害怕这种像“战场”一样的夜班——让她从躯体到心灵都深感疲惫的夜班。直到有一天晚上，一位 70 多岁的老爷爷因心衰入院，慈眉善目的老爷爷微笑地看着宁老师，像亲人一样对宁老师说：“小姑娘晚饭吃了吗？上夜班饭要吃饱哦！天气冷了要多穿点衣服！”这几句叮咛，像爸爸的嘱咐、妈妈的耳语，似一股暖流划破冰冷的空气直达心灵，这一点也不像一名病情危重的老人此时应该说的话。那一刻，宁老师明白了，生命长或短我们不能选择，命运的多舛或平顺我们不能选择，但我们可以选择微笑友善地对待自己、对待他人。晚上宁老师在巡视病房时，听到这位老爷爷突然大叫一声，宁老师立即冲了过去。当时老爷爷全身发紫，宁老师迅速通知医生，并立即给老爷爷吸氧和静脉穿刺，不幸的是，老爷爷还是没有抢救回来。面对老伴突然猝死，老奶奶不吵不闹，安安静静送走自己的老伴，并且不停地感谢宁老师对老伴的关怀，还将自己带来的饺子分给宁老师。午夜，宁老师捧着热腾腾的饺子，蹲在走廊的转角，眼泪像断了线的珠子，从眼角滑落 。

有人说，时间可以抹平一切。多年过去了，这件事仍刻在宁老师的脑海之中，老爷爷温暖的问候，老奶奶贴心的理解，还有那一盒余温尚存的饺子……时间可以带走生命，但带不走内心深处最真挚的情感。这件事成了宁老师最宝贵的回忆，也时刻在给予她前行的动力。

越简单，越快乐

宁老师在 ICU 工作时，曾遇到一位因气管插管而无法用语言表达的老爷爷。这位老爷爷时常用戴在手上的仪器敲打金属床栏，宁老师与其他护士听到后就会立即赶来查看。但是爷爷不能说话，只能凭借两只手在空中各种挥舞比画，大家都不明白爷爷究竟想表达什么意思，只能作罢，继续完成其他工作。当护士走开后老爷爷又开始敲打床栏，如此几番后，护士感到不解但是又无能为力。只有当爷爷的老伴来看望时，爷爷才会停止敲打，“乖乖”地躺着。后来，宁老师想了一个办法，把一些基本的需求画在小卡片上，比如上厕所、喝水、灯光太亮等，让老爷爷来选择他究竟想要什么，但是无奈的是，这些卡片中似乎没有爷爷想要的，咣咣的敲打声仍在病房响起。

有一天，当宁老师给爷爷护理时，爷爷激动地敲打宁老师手上的手表。宁老师恍然大悟，问老爷爷：“你是不是想知道时间?”老爷爷涨红着脸一直点头，为终于有人理解他的诉求而万分激动。后来，宁老师在老爷爷的病房放了一块表，从此，病房里再无急躁的敲打声，只有一位默默看着时间、等着老伴看望的老爷爷。一个简单的举动，宁老师就像解开世界谜题般兴奋而骄傲，那一刻，她觉得，快乐原来这么简单！

宁老师在眼科当护士长时，遇到了一位从农村带着孙子来医院看病的老爷爷，治疗结束后，老爷爷的钱都已经用完了，当时他没有钱坐车回家，连吃饭的钱都没了。于是，老爷爷就向周围的病人、医护人员借钱，但是没有一个人愿意相信他。后来老爷爷找到宁老师，宁老师就给了老爷爷两百元，但老爷爷说只需要一百元就够了。宁老师坚持说道：“一百块呢，你先带孩子去吃个午饭，还有一百块再坐车回家。”老爷爷带着感激与“一定会还”的承诺踏上了回家的路程，身边的同事都唏嘘宁老师太傻，她们觉得这位爷爷一定不会来还钱的。面对同事们的质疑，宁老师很坦然，因为她知道那一刻她内心想的不是老爷爷会不会来还钱，她看到的是需要帮助的老人和孩子，一切就这么简单。一个月之后，这位老爷爷果然带着皱巴巴的两百块钱，还有一麻袋农村土特产找到了宁老师，他把钱还给宁老师，并向宁老师表达感谢。这个世界固然有“谎言”和“欺骗”，但与其凡事都理性地去精密“计算”，不如遵从内心的感性，越简单，越快乐。

宁老师把“永远简简单单，永远理想主义”作为自己的人生格言，在我们看来，能做到这句话其实是很不容易的。从一名初出茅庐的轮转护士到护理部副主任，宁老师只用了 9 年时间，有这样的成绩，应该会令很多人艳羡了吧？然而，宁老师还不“满足”，现在，她除了要应对繁忙的工作，需要照顾两个年幼的孩子，她还在攻读博士学位。我们惊讶得张大了嘴巴，此时我们就像崇拜全能“女超人”般崇拜她。她是怎么做到的？对此，宁老师只是简单地说了句，做好规划，付诸行动，就这么简单。我们知道，她的“故事”还在继续……

朱小英：我就是我，做真正的自己

人物名片：

朱小英，主任护师，浙江省护理学会精神科专业委员会副主任委员，杭州市护理学会常务委员，杭州市心理卫生专业委员会主任委员，杭州市第七人民医院护理部主任。1985年至今，一直在杭州市第七人民医院工作，曾被评为“杭州市优秀护士”。致力于精神科方面的实践和研究，完成多项科研课题，发表专业论文10余篇。

人生格言：

客观看事，乐观待人。

蜕变——用行动来证明

如果你对别人说，你在杭州市第七人民医院工作，人们通常会投来异样的眼光，因为这是一家人尽皆知的精神病专科医院。也许一不小心，你还会受到患者的威胁和恐吓。说实话，凡在精神病医院工作的人，都是令人敬佩的，如果在精神病医院工作了一辈子，那我们只能给予手工点赞一万次了。朱小英老师已经在这里默默地工作 31 年了。

1985 年，朱小英毕业后便来到了杭州市第七人民医院。当问起她为什么会选择护士这个职业的时候，朱老师说："因为护士是'白衣天使'，在我心里这是一份神圣的职业。"就是这么一个简单的理由，朱老师选择了一生要走的路。"我不想用很华丽的辞藻来表达我有多么喜欢这份职业，但至少现在我是一直保持着对它的兴趣。"她深情地说道。虽然我们不能明白哪些方面使她产生了兴趣，但她坚持了 31 年，足以用行动证明她对这个职业的专注与热爱。

曾经，她也有过纠结，她的同学中有不少人转行选择了其他的职业，刚参加工作的时候，她常常问自己到底想干什么，到底要的是什么。年轻不服输的她，暗自对自己说，不能一辈子做一个平庸的护士，做着平庸的工作，她也不甘心就这样把自己的青春年华献给精神病医院。想当初在学校的时候，她压根没料到会到精神病医院来工作，课堂上学有关精神病的知识时，她还和同学们哈哈大笑，仿佛像个玩笑一样过去了。

但时间和经历慢慢地改变了一个人，经过岁月的洗礼，就是这样一个有着独特个性的女人选择了留下来。她慢慢发现，这份工作非常适合自己的个性，尽管工作"分配"在她意料之外，但她依然保持着对工作的憧憬与执着。她说："普通医院的护士每天的工作量可能是有预估的，比如今天吊 500 瓶盐水，完成就基本可以了。但我们的工作是未知的，如果有个病人突然发作了，我们就得采取紧急的措施，而且这样的事情经常发生。虽然我们医院没有急诊科，没有 ICU，也没有手术室，但我们一直很忙碌。"朱老师觉得这样的工作充满了挑战性，她告诉我们，时间让她成长了，也蜕变了。这里的生活处处都是未知数，这样的生活才精彩。她曾告诉自己的孩子，要想拥有精彩的人生，最重要的就是做真正的自己，跟自己赛跑，使今天的自己比昨天有所进步，有所收获。

宽容的心——工作的必备法宝

众所周知，精神病医院的患者一般都是一些精神上受到创伤和压力太大的人，他们有时候会做出一些本能上的反抗。作为精神病院的护士，朱老师告诉我们，对待病人一定要有一颗宽容的心。

“我们医院接收的每一位病人都需要接受安全检查，记得有一次，有个病人拒绝接受检查。”朱老师说，“我正想和那个病人进行交谈沟通时，病人突然拿出私藏的一把小刀，竟然拿我做人质要挟他的爸爸，要求出院。他的刀就这么抵住我的脖子，我当时真的很害怕。那时候我是一个两岁小孩的母亲，可能是出于母性的本能，我当时第一反应就是，完了，我的孩子要没有妈妈了。”虽然这件事最后是顺利地解决了，朱老师也没有受到伤害，但她毕竟还年轻，在自己的生命受到了威胁后，她不允许这个病人再住在自己的病区内。于是她和主任吵了起来，但主任却没有多说什么，让她尽情地宣泄心中的不满。直到她发泄完后，主任才柔和地跟她说话，允许她暂时不接触这个病人，并做朱老师的思想工作。朱老师回忆当时的情景，她说：“虽然当时我真的很生气，但一想到他是一个病人，仅仅是一个病人，我觉得也是应该被理解和原谅的。事后病人的爸爸也向我一再道歉。”经历了这些事情后，朱老师学会了宽容，懂得了理解。

虽然这样的工作让自己命悬一线，但朱老师告诉我们，这里的恶性事件是很少的，她说："即使有些护士被病人抓伤、挠伤，但她们现在仍然在这家医院里上班，很少有护士会选择离开。"是的，她们和朱老师一样，选择了这条路，便做好了迎接一切困难的准备，因为她们知道，她们面对的病人是最需要被关爱的。

有人开玩笑说，在这样的医院里工作的女护士都是"女汉子"吧，以后都会嫁不出去的。朱老师开玩笑似地说："我们医院里基本没有什么'剩女'，大家都过得很幸福，因为我们的护士既善良又宽容。"

放眼未来，把握现在

朱老师在精神病护理方面颇有研究，她说，随着现代社会的发展，越来越多的人在精神方面承受着巨大的压力。这些压力来源于生活的方方面面，而且青少年人群中精神疾病的发生率越来越高。她告诉我们，未来精神科护理还有很大的发展空间。

在朱老师看来，现在的"90后"很多都是独生子女，在家被父母呵护，独立选择的能力比较欠缺，但未来的道路需要他们自己去走，未来的挑战也需要他们自己去应对，对于学习护理的同学来说，可以学的有很多很多。朱老师说，国外的社区护理很值得我们学习借鉴，在我国，关于精神方面的社区护理和指导目前还是有很大的空白，同学们可以把眼光放远一些，有兴趣的同学可以致力于这方面的研究和实践，尝试去完善社区精神科居家护理体系。当然，将来要想从事这方面的工作的话，光有专业知识、专业技能还远远不够，这就需要同学们把握现在，提升自己各方面的能力，在有高智商的同时拥有高情商。

朱明丽：坚守梦想，做最好的自己

人物名片：

朱明丽，副主任护师，杭州市护理学会重症护理专业委员会主任委员，现任杭州市第一人民医院重症医学科护士长。曾获杭州市市级医学护理技能比武团体第一名、个人第二名，浙江省省级医学护理技能比武优胜奖，杭州市“技术能手”称号。曾被评为局级先进工作者、院十佳护士、杭州市百名优秀护士、浙江省优秀护士等。撰写论文 5 篇，参与编写人民卫生出版社出版的《高危孕产妇重症监测与治疗》。

人生格言：

细节决定成败。

无悔梦想，坚持做好

朱明丽老师 1994 年参加工作，如今已经在市一医院工作了 20 多个年头了。成为一名“白衣天使”，好像是朱老师冥冥之中的选择。记得小时候，她的弟弟有一次生病，在一一七医院住院。看着部队医院的护士挺着背，穿着小高跟鞋，忙忙碌碌地打针发药，年幼的她觉得她们又漂亮又神气，心里也埋下了成为一名护士的梦想种子。长大后，她如愿成为一名护士，她深感自豪，工作多年，对“白衣天使”光环的崇拜虽然早已褪去，但她仍无悔自己的选择。

朱老师说，她的专业是护理，从事自己擅长的工作更能实现自己的价值。曾经有个朋友想邀请她一起转行，做相对比较轻松的工作，但是她拒绝了。她觉得不管到哪个单位，都要有自己的专业和专长，这样才会有自己的一席之地，如果要跨行业，那就要很有能力或者具备其他优于别人的特长。她开玩笑说，她蛮有自知之明的，打打肌注针、静脉针这个技术能力她还是很不错的，其他方面的专长她还真没有了。她很庆幸自己没有选择其他职业，从事医护工作还方便她更好地照顾家人。凭自己的专业知识，她及早地发现母亲血糖的异常，控制较好；父亲 74 岁那年身体不好时也得益于她的照顾，终于得以康复。护士做久了有经验，对一些症状的判断就会比较敏感，朱老师的亲戚朋友们有身体不适时，也会时常咨询她，她仿佛成了大家的健康守护者。朱老师说，能从事这样的职业，真是工作、生活两不误，幸福指数很高，自己在工作中得到了很大的快乐，同时也得到了别人的尊重。

尽管工作是辛苦的，有时也会感到枯燥，但她相信任何一份工作都不会不经付出就有回报，哪怕每天只是重复地做简单的事，也要一步一步认真完成，这样才能做到最好。

严谨负责，二十年如一日

担任护士长后，朱老师的工作内容比原来“杂”多了，方方面面的事情她都要把关、协调和安排。作为综合性的 ICU 病房有很多不可控因素，全院所有的危重病人随时都要到 ICU 来，比如疑难、重大手术后的病人，高危孕产妇，突发病情恶化病人的抢救等，这些突如其来的情况，她都会带领团队一起处理。

多年来，朱老师已经养成了每天都比别人来得早、走得晚的习惯，通常在去上班的路上她就开始考虑一天的工作，哪些事情先做，哪些事情后做，她都会按轻重缓急排好序。上午，一般是常规的查房、交班，如果有新病人入院，主任会查房，医生也会分析很多内容，作为护士长要知道医生治疗的重点，护理配合的内容，然后明确、有重点地交代给护士。下午，一般会安排护理质量的检查和指导。在家属探望的时间，朱老师就会跟家属介绍病人的情况，还要跟主任、医生、病人家属做一些沟通。此外，她还要负责科室所有先进仪器的检查与维护，以及护士的培训等。作为护士长，她需要协调好人、机器、环境各个方面。

在ICU也会碰到不少具有挑战性的事，比如“H1N1”“H7N9” “7·5公交车爆炸”等重大事件发生时，ICU就会成为“战斗”的主阵地。有一次，半夜来了一个感染“H1N1”的大学生，情况紧急，朱老师接到电话后马不停蹄地赶到医院部署工作，调整床位、安排人员、对病人进行隔离等。不管是碰到这样的紧急突发事件还是平时的工作安排，朱老师首先以“保证病人安全”为前提。当然，工作经验丰富的朱老师，能瞬间理清工作思路，合理安排一切。不得不说，正是这样不容有一丝马虎的工作性质，潜移默化地提升了朱老师的工作能力。

以专业赢得尊重

朱老师说，医生和护士之所以受到尊重，是因为专业！他们把所学的知识用到病人身上，维护生命健康，所以得到病人的信任。在国外更是如此，专业的人做专业的事，对医护人员的要求也是很高的。在国内，我们还不能完全做到这一点，理论和实践也存在一定程度的脱节，观念上的改变也要靠一代又一代人的努力。

她说，作为一名护士，首先要有爱心、有良心、有责任心，心态要好，对待病

人要有耐心，以自己的专业精神去赢得病人的尊重。曾经有一个重症胰腺炎的病人，经过医生和朱老师带领的护理团队历时大半年的救治，终于脱离危险。抢救一两天是很常见的，但这么长时间的救治真的很罕见。病人可以开口说话的时候，第一句话就是："非常感谢你们，我要请你们到我家里来，亲自烧一顿饭给你们吃。"与其说这是生命的奇迹，不如说是医护人员不轻易放弃任何一个生命的精神创造了奇迹。

在诸如此类的事情上，朱老师觉得，苦一点累一点没关系，能得到病人的肯定，至少精神上是很快乐的。与病人和家属相处久了，自然而然也会有感情。以前有两个男病人，他们的老伴每天都会风雨无阻地来看他们，有一天其中一个病人的老伴没有来，后来才知道那个老奶奶在来的路上出车祸了，虽然没有生命危险，但要坐轮椅了。听到这件事朱老师掉下了眼泪，她很心痛，这位老奶奶年纪蛮大了，经常驼着背，拄着拐杖来看望自己的老伴，现在遇到车祸，真是祸不单行。朱老师说，虽然现在一些媒体总是报道一些医患纠纷，但是工作久了，觉得还是好人多，病人也是讲感情的。曾经有个病人，是一位来自北方的数学老师，她开玩笑说："如果护士都像你们一样好，那没有子女也影响不大了，养儿就是为了防老嘛。"虽然病人说得有些夸张，但这也说明她对护士工作的认可和褒奖。

用自己的左手温暖自己的右手是一种自怜，而用自己的双手去温暖别人的双手却是一种奉献。朱老师兢兢业业地奋战在岗位上，面对工作一贯的平凡，她从容不迫，一步一个脚印地履行自己的神圣职责。她骄傲，她是一名"白衣天使"！

孙庆玲：心系患者，用爱呵护

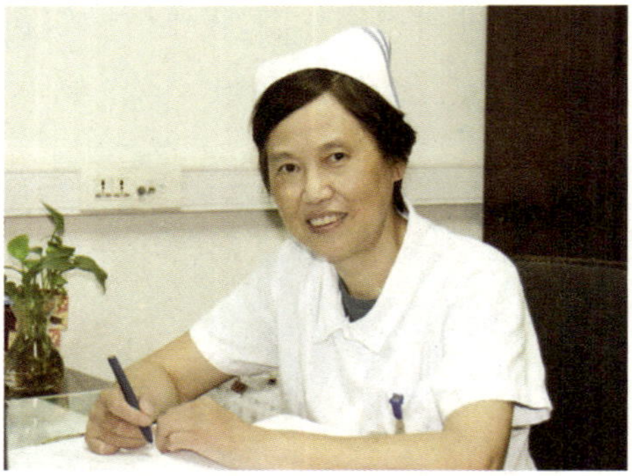

人物名片：

孙庆玲，主任护师，杭州市第三人民医院原护理部主任、医疗质量办公室副主任。曾担任浙江省护理学会理事、常务理事，杭州市护理学会理事、副理事长，杭州市护理质量管理委员、副主任。曾在《护理学杂志》《中华现代护理杂志》《中国基层医学》发表数篇学术论文。

人生格言：

履行承诺，关注病患，用心护理，与时俱进。

随遇而安，扎根护理

岁月的年轮总是在不知不觉中走过，细算起来，孙庆玲老师已经在护理工作线上奋斗了 42 年。从年轻的小护士到成为老前辈，她为护理事业奉献了青春，也倾注了半生心血。回想起来，她仍为自己能够从事这个职业感到自豪与满足。

孙老师是“文化大革命”后第一批被分配到杭州市护士学校的学生，那时恰逢粉碎“四人帮”，当时国家还没有恢复高考，自然专业也没得选择。尽管专业是分配的，但孙老师有着随遇而安的心态，她觉得既然已经进入了这个领域，那就把自己的心沉静下来，认认真真地学习，于是慢慢地对护理产生了浓厚的兴趣。参加工作以后，她用心地照顾好每一位病人，和每一位病人耐心地沟通，总是一丝不苟，不敢有丝毫马虎。凭着踏踏实实工作的韧劲，孙老师先后到外科、中医内科担任护士长，三年后，她担任护理部主任，做起了行政管理工作。

走上管理岗位，孙老师觉得自己肩上的担子更重了，责任也更大了。早上，她总是提前半个小时到达医院，第一件事情是打开电脑了解住院病人的情况，包括有几位病人，有几位危重病人，以及床位的使用率等。根据这些情况，她开始制订工作计划，有日计划、周计划、月计划，各种计划的侧重点都不一样，以便她有条不紊地开展工作。接着她会到病房巡视，进一步了解病房里病人的情况，包括一些特殊病人，并与护士长交流如何解决工作中出现的问题，了解护理措施的落实情况和护士的操作是否规范，等等。如果没有特殊情况，孙老师会在下午安排“小讲课”，还会进行疾病查房、教育查房、行政查房等。这些工作举措对护理团队的管理具有重要意义，特别是实行行政查房以后，她与护士之间交流的机会多了，距离拉近了，感情也加深了。更为重要的是，从行政查房中，孙老师可以知道现有制度上还存在哪些不足，从而可以在今后工作中进一步完善规章制度。在工作中，她逐渐形成了自己的一套管理方法，所有的这一切都是为了给患者营造更为舒心的医疗环境。

用心服务，营造和谐护患关系

孙庆玲老师几十年如一日，勤勤恳恳地工作，她始终相信护理是神圣的事业，在护理岗位上，就要履行承诺，关注病患，用心护理。从某种意义上说，和谐的护患关系是诊疗顺利进行的基础。在孙老师的工作生涯中，有两件事情令她印象非常深刻。

曾经有一个危重病人是回家进行再康复、再休养的，出院的时候身上还带着胃管、导尿管。病人出院后，孙老师所在的医院仍然定期指派医护人员到这位病人的家中看望他，并对他进行相应的定期诊疗。虽然医生、护士很努力地挽救病人的生命，但不幸的是，病人还是离开了人世。这位病人在弥留之际，依然坚持等待那位平日里来回访的护士到来，在意识还清醒的时候，他对这位护士说了声“谢谢”，然后安详地走了。他的家属虽然很伤心，但发自内心地感激这位护士，毕竟每一个人都很努力地去挽救他的生命，减轻他的痛苦。后来，李岚清同志到市三医院来视察工作，病人家属得知情况后，希望能够见见李岚清，他们要把对那位护士的表扬信亲手交给他。

另一件事是一位巴西华侨和护士之间因为文化差异和沟通不够，发生了一些误会。当时是大年初一，孙老师值班的时候接到了一个投诉电话。事情是这样的，一对巴西华侨夫妻来医院看病，妻子需要注射青霉素，负责注射的护士告诉病人“把裤子脱下来”，说完这句话以后，护士便转身抽药了。病人也并不清楚裤子要脱到什么程度，等护士抽完药回过头来一看，病人把裤子全脱了，于是她又叫病人把裤子穿上去。这时，病人的丈夫在外面听到了她们的对话后，很生气，于是他跑过去质问护士，认为护士是因为接近下班的时间点，随便糊弄病人。但其实，那位护士看到病人的裤子褪去的程度太大，很容易引起交叉感染，所以才叫她再提上来一点。但由于语言表达不准确，导致了病人家属的误解。事后经过调解，双方也很快消除了误解。

这两件事情让孙老师深刻感受到，和谐的护患关系是建立在用心护理的基础上的。只要对病人全心全意，尽自己所能地为他们服务，最后都会得到理解和支持。用心为病患服务的护士，当病患痊愈时，一句真心的感谢所带来的欣慰是胜过任何一种物质所带来的喜悦的，病人对自己工作的认可也会令护士充满了满足感。

活到老，学到老

孙老师认为，从事护理这个职业，除了要具备相应的个人能力和精神品质外，学习能力也是必不可少的。已经是护理部主任的孙老师，即便到了这样一个职位，她也没有停止过学习，她时常会翻阅一些资料，搜集各种信息。她说，当今社会是一个信息社会，需要我们不断地学习，同步更新自己的知识体系，只有这样才能紧跟它的步伐，适应社会的发展。因循守旧地工作，是不能为患者提供良好的护理服务的。虽然她从事了行政管理方面的工作，不在临床一线，但她坚持认为，如果不提高自己的能力和专业水平，也就无法更好地指导护士们的工作。所以，即使是到了这样一个年纪，她也依旧保持着“活到老，学到老”的精神，令人由衷敬佩。

孙津津：发挥中医护理优势，为千万家庭幸福护航

人物名片：

孙津津，主任护师，杭州市中医院中医妇科护士长。曾多次被评为局级、院级优秀共产党员，杭州市中医院先进工作者，杭州市“十佳护士”，杭州市“十佳文明服务之星”等。近5年来主持课题2项，相关成果获2012年杭州市第二次自然科学成果奖优秀论文三等奖；发表论文9篇，其中发表在国家级核心期刊4篇。

人生格言：

做妇女健康的守护者。

发挥优势，做团队发展的领头羊

孙津津老师已从事临床护理工作35年，现为国家重点专科、省市级重点专科护士长。在工作中，她始终坚持“以人为本”的工作理念，开拓创新，协调配合，为科室的发展尽责尽力；始终关怀患者，树立良好的服务意识，建立良好的护患关系，有力地保障了科室的护理质量；始终努力学习，提高整体护理水平，做好科室的领头羊；始终在繁忙的工作之余勇于创新，积极参与，争当科研

的探索者。

在她的带领下，科室护理人员积极开展中医特色护理，严格执行中医护理技术操作规程，形成了中西医一体化的护理。同时，她深入挖掘中医护理特色优势，围绕不孕不育、习惯性流产、妊娠恶阻、宫外孕、围绝经期综合征、功血、药流后并发症、慢性盆腔炎及阴道炎等进行辨证施护，促进理论与实践的有机结合，得到了病人及家属的认可和一致好评，患者满意度达95%以上，赢得了良好的社会声誉。

从事护理管理工作以后，她深深地体会到，“服务理念的转变”是重点科室发展的核心问题。为使大家充分认清当前激烈的竞争形势，树立“一切为了病人，全程优质服务”的理念，她经常组织团队进行学习和交流，增强医护人员的责任意识和危机意识，提高其工作积极性。

她深知，先进的服务理念只有配合高水平的护理，才能为病人提供更好的服务。因此，她十分注重年轻护士业务能力的培养，有针对性地指导她们工作，帮助她们更快更好地掌握操作技能。另外，在她的团队中，有不少“90后”，甚至“95后”的新护士。这些护士有她们的个性特征和心理特点，为了让她们更好地融入并热爱这个大家庭，她在生活上给予关心，在工作上言传身教、以身作则。同时她还制订了切实可行的科室人员培训计划，支持在职人员继续深造，学习新的经验。

耐心疏导，做幸福家庭的护航人

人类都有繁衍后代的本能和希望，子女是一个家庭的传承，某种意义上说，一个家庭，有了孩子会让夫妻更和谐，家庭更幸福。而偏偏有些家庭不是那么幸运。曾经有一位多年不孕不育的妇女，全家人都渴望有个孩子给家人带来欢乐，但是多次尝试试管婴儿后，均以失败告终，一家人几乎已经不抱希望了。孙老师知道后，也替他们感到难过，她决定要尽自己最大的能力去帮助这对夫妇。于是孙老师坚持给予他们引导，鼓励他们不要放弃，坚持到底就有希望，最终他们又鼓起勇气再试了一次。或许是因为这位母亲孕育生命的渴望感动了上天，或许是因为孙老师的鼓励燃起了希望，后来，一个鲜活的小生命终于诞生了！看着她们流下幸福的泪水，孙老师也是满满的感动。她的工作不仅是迎接健康小生命的来临，更是给患者和她的家庭带去希望。

孙老师说，由于环境影响以及现代人的工作生活节奏、习惯等因素，不孕不育的发生率越来越高。中医妇科作为国家重点专科，优势和特色显著，收治的病人中有很大一部分是复发性自然流产的保胎患者及病情复杂的不孕症患者，这些患者及其家属求子心切，往往情绪波动大，精神紧张，缺乏信心，因此对患者的人文关怀变得尤为重要。在护理工作中，孙老师深入病房，耐心询问病人的需求，对焦虑不安的患者进行心理疏导，她还经常提醒护士一定要用一份真诚的爱，关心和帮助每一个患者，用心去与患者沟通，倾听患者的需求，为患者着想，从点滴做起，做家庭幸福的护航人。

将心比心，做妇女朋友的知心人

重男轻女及歧视不孕者等社会不良现象对妇女朋友来说，其心理遭受的打击与伤害是很大的，有的甚至因此危及家庭稳定。孙老师曾碰到过一个病人，她说，如果这次我不能生出孩子，我就得离婚。其实这并不是特例。当一个女人最基本的生育功能无法实现，当家人变得不理解和冷漠的时候，很多病人表现出非常焦虑甚至极端的情绪。

身为女人，孙老师非常理解病人的痛楚与无奈。她常常对护士们说，产科的护理人员需要做的不仅仅是护理病人，有时还要耐心地开导病人家属；也不仅仅是照顾病人的身体，有时更要给予心灵上的关爱，要像知心朋友一样，耐

心倾听她们的焦虑，理解她们，帮助她们。她记得曾经有一位产妇顺利地生下了一个健康的女儿，当医护人员都为她高兴的时候，她的婆婆一听说是个女儿，转身就走掉了。婆婆重男轻女的观念深深地打击了这位初为人母的儿媳妇，最后她只能默默地流泪。孙老师看在眼里，也不免心疼，于是她耐心地劝导婆婆，现在男孩女孩都一样，看到是个女孩，就对儿媳妇不闻不问，这肯定是不对的；另一边，她又像个长辈一样安慰这位伤心的母亲。

“女本柔弱，为母则刚”，母亲是最伟大的，十月怀胎，一朝分娩，其中的辛苦是他人无法体会的。孙老师说，自己所从事的是一份给世界带来美好的事业，她会一如既往地用自己的专业特长和责任心，为更多家庭守护幸福！

李艳娟:海纳百川,有容乃大

人物名片:

李艳娟,主任护师,曾先后担任杭州市红十字会医院外科护士长、护理部主任、行政后勤副院长,杭州市中医院党委副书记兼纪委书记,现为杭州市第一人民医院党委副书记兼纪委书记。

人生格言:

认认真真做事,踏踏实实做人。

年轻没什么不可以

从一名普通护士到医院领导,李艳娟老师的工作经历在我们眼里堪称“传奇”。李老师 1986 年参加工作,工作 7 年以后,20 多岁的她就做了科室的负责人,是当时杭州最年轻的护士长;后来又被任命为脑外、胸外、泌尿病区的护士长,34 岁时她担任了护理部主任……就这样,一路努力,直到现在的党委副书记,不得不说,李老师有着过人的实力和气魄,让人钦佩,同时,我们也看到了一位普通护士如何凭着她的坚韧与优势,将潜力发挥到极致。

回想起刚做护士长的时候,李老师不无感慨。她说,当时医院里的护士长基本都是 40 岁以上的,就她一个人年纪轻轻的,连婚都还没结呢,病区里一半人的年纪比她大，要想管理好这么多年资比她高的前辈们，她感觉到自己的压力确实很大。万幸的是，那段时间，科室里不管是医生还是高年资的护士都很配合她，她认为，想要取得大家的配合，善于沟通是一方面，最重要的还是技术过硬。她笑着说，当时的科主任可能认为她太年轻，一开始不是很认可她，开会的时候就“故意”问了一些专业性的问题，精于临床实践的李老师当即正确解答了所有问题，加上她把手术前的准备工作安排得很妥帖，几次下来，主任对她的工作很放心，过硬的技术也得到了前辈们的认同，大家对她刮目相看。

当了护士长几年后，年仅 34 岁的她又被任命为护理部主任，当时医院里很多科主任都为她捏一把汗，毕竟太年轻。也正因为自己年资不高，她觉得更要方方面面都做得好，这样才能获得大家的认可。年轻的她又经历了一次从被众人“打问号”到被认可的过程。总结这个成长过程，她说，一是要对自己的技术很有自信；二是靠真诚，在这个岗位上，她是真心实意地为护士着想，为他们干实事；三是要有成人之美的大度与胸怀，知人善用，只要对医院、对护理部有利的事她都会尽力帮忙。

认同自我，无限可能

成功竞选行政后勤副院长，可以说是李艳娟老师职业生涯的一个转折点。她清楚地记得，当时红会医院公开招聘行政后勤副院长，院领导说只要是医院的职工，符合条件的，都可以去竞选。虽然护士占医院职工比例很大，但是当院领导的极为少数，或者说很少有人去争取。李老师决定去试一试。经过笔试、面试后，在全体职工投票环节上，她的票数遥遥领先。后来有护士长跟她说，连台下很多医生都觉得她很厉害，可以胜任副院长。果不其然，李老师众望所归当选了副院长，分管医院建设。

她坦率地说，刚接手的时候自己也是一头雾水，一切要从头学起，也算一

个小困难了。但她认为，这个副院长既然是大家选出来的，就要对医院和病人负责。带着这样一种决心，她很快理清了思路，适应了领导岗位，当然其中付出了很多，也得到了很多人的帮助。护士出身的她在医院建设的方方面面都充分发挥了她的优势。红会医院二号楼建设装修的时候，她就到病房里问护士长、护士们的意见和建议，具体仪器设备装配到哪里能使护理工作更方便高效。她认为护士在病区的工作时间长，只有站在护士的角度考虑问题，听取他们的建议，才会让病区装修得更合理。她向我们举了个例子，以前护士站的吧台外面没有门，标本就放在旁边盒子里，显得很不雅观，加上由于人员流动多，标本还容易被踢倒，于是她让装修工在吧台外面开了一扇门，门后作为标本留取处，这个设计虽然很简单，但给护士工作带来了很大方便。

李老师的经历令人折服，但她总是谦虚地说，她只是做了擅长做和喜欢做的事情。在行政上的工作太多了，护理上的学术钻研就少了，因为一个人的精力毕竟是有限的，面面兼顾也是不现实的。但有一点，她觉得护士们要自我认同，能做护士但不要仅拘泥于护理工作，要把优势和特长发挥出来。她说，做护士的人有个共同特点，就是特别认真，“差不多就行”这句话在护士这个职业是行不通的，所以很多护士出身的人去做别的工作也很成功。李老师建议护士们要做好职业规划，选择适合自己的工作方向。同时，她也希望越来越多的护理人能够走向管理岗位,为推进护理行业的发展贡献自己的力量。

爱心、责任心是最重要的

李艳娟老师认为,作为一名护士,“爱心”是最为重要的,而作为管理者,“爱心”也是最重要的,只是对象各有侧重。护理人只有具备了爱心,在工作时才会倾注感情,这样工作才能做得好。而当你将这份工作仅仅当作一种谋生的手段时,你可以把这个工作做完,但是不一定能把这个工作做好。还有就是责任心,护理人如果没有责任心,护理工作的完成就会打折扣。至于其他的细心、耐心之类的,她觉得这些都是基于爱心,来源于爱心。有些人的性格虽然比较急躁,但只要她具有爱心,她就可以为之进行改变。对于性格上不适合做护士的人,也不要勉强,选择适合自己的,才是正确的。

她勉励在校护生们,一是要把专业学习好,把理论知识学好学扎实,不要虚度时光;二是要注重临床实践;三是可以多涉足一些边缘学科的知识,如人文、心理学方面的,不断提高自身的人文修养,既要有与职业相匹配的外在形象,也要有大方得体、不卑不亢的自信与内涵。

李益民：人生如竹，凌云劲节更虚心

人物名片：

李益民，香港理工大学理学学士，主任护师，杭州市第一人民医院护理部主任，硕士生导师。兼任中华护理学会理事，中华护理学会行政管理专业委员会委员，浙江省护理学会副理事长，浙江省护理学会行政管理专业委员会主任委员，杭州市护理学会理事长，杭州市护理质控中心常务副主任，《中华护理教育》杂志编委，《护理与康复》杂志副主编等。曾被评为全国优秀护理部主任。

人生格言：

凡事贵在认真和努力。

李益民老师1982年参加工作，先后担任了病房护士长、科护士长、护理部副主任，2010年至今担任护理部主任。李老师护理管理经验丰富，临床护理方面的研究成果也非常丰硕，就是这样一位在护理事业上颇有成就的前辈，在接受我们访谈的时候，几乎没有言及自己的成绩，而谈起为之奋斗的护理事业，她心怀敬畏又饱含热情。她把对护理工作的感悟和对后辈们的殷切期望娓娓道来，她的情怀和境界不禁让人心生敬佩。

扎根深土，做有情怀的护理人

那个年代的人，对专业没有太多选择的余地，当初不少人是凭着对护士的表面印象，“盲目”地闯入护理这个行业的。李老师当年也是懵懵懂懂就穿上了白大褂，只因心中对“天使”二字的美好憧憬，而这一穿就是30多年。就像竹子一样，不管生长在哪里都能深深扎根，一个劲儿地往上生长、直插云霄。

李老师当初因为一份情怀选择了护理行业，更在工作中将这份情怀坚持至今。工作以后，为了无愧于“白衣天使”的圣洁使命，李老师一门心思沉浸在临床工作中，护理在她心中扎下了根。其间她曾有机会从事护理教育工作，但她始终难以割舍对临床护理的那一份情，总觉得该为广大病患、为临床护理再坚持几年、多做点贡献，最终毅然放弃了难得的机会，继续坚守在临床一线。

“既然选择了它，就要立志把它做好，真正把它当作事业来经营。”听说现在不少学生选择护理专业主要是听从父母的意见，李老师语重心长地说道，“在学校好好掌握基础知识和基本技能，到临床要珍惜临床经验。一定要正视和认识护理专业，理解护士这个职业对自己和社会的意义，只有这样，你的工作才会有价值，职业生涯才能走得长远。”

凌云劲节，做永不停步的护理人

除了自身工作，李老师还兼任了一些社会工作，在她的工作生涯中，她获得了大大小小很多奖项与荣誉。当我们艳羡李老师身上的“光环”时，她感慨地说，喜悦是暂时的，每上一次台阶，总感觉身上的责任也就越大。“被评上全国优秀护理部主任的时候，还真没有刚进医院时给静脉条件较差的病人一针

见血时高兴呢。”李老师坦率地笑着说。不同的阶段有不同的责任，从临床一线的工作到行政工作，她清楚地知道自己身上的责任，因此也迫切地想要进步。事实上，每一个成绩的取得都暗含着她背后的努力，带给她责任与压力的同时，也给了她砥砺前行的动力与能量。

这么多年来，李老师在专业学习上从未放松过对自己的要求，在繁重的工作之余，她主动学习钻研专业新知识、新技术，与他人合著《高血压诊断与治疗》一书；曾主持或参与省、市医药卫生科技项目 6 项，在国家级、省级杂志上发表论文 10 余篇，其研究成果《应用医院应激量表指导护理措施的研究》《腹部手术病人健康教育评价标准的研究》《聚焦解决模式在新护士岗位培训中的应用》分别获得杭州市医药卫生科技创新奖、浙江省科学技术奖三等奖、杭州市卫生科技创新奖三等奖。

虚怀若谷，做脚踏实地的护理人

除了要坚定信念、常学常新，李老师觉得，一名优秀的护理人最重要的品质是“踏实”，要像翠竹扎根深土一般，不浮躁、不抱怨，在实践中汲取能量，不断成长。

做脚踏实地的护理人，一方面要“能吃苦”。护理是基层工作，辛苦甚至还有些枯燥，做护士就要受得了这份苦，耐得住这份烦。几年前，李老师的女儿坚持要选择从医，家里人觉得从医辛苦，怕她半途而废，于是都不同意，但最后她的女儿仅用两句话就说服了他们，“想要认真做好任何一个行业的工作，那肯定都是辛苦的”，“如果不想辛苦，那一定什么工作都做不好”。李老师很欣慰，从某种程度上说，女儿对事物的见解比她深刻多了，她深受启发，既然女儿已经做好了要努力的准备，她也就放心了。李老师说，这两句话虽然简单，却适用于所有行业。护理工作也是如此，没有认认真真、脚踏实地地工作，怎么会得到病人、家属、同事、领导的认可呢？只有付出过努力，才能得到回报；只有真心对待病人，病人才会信任护理工作者。

做脚踏实地的护理人，另一方面要“接地气”。关于这一点，李老师特别强调，合格的护士应该掌握良好的沟通技巧，才能与病人进行有效的交流。有些护士虽然有丰富的专业知识和较强的专业能力，但如果不能与病人进行良好的沟通，就无法把自己掌握的知识及信息传达给病人，当病人有问题时也无法确切表达，那就得不到病人的认可。沟通技巧和专业能力都非常重要。李老师举了一个工作中很普通的例子：比如在接待年纪较大的病人时，一声简单的“某某大伯”或“某某阿姨”，马上就会减少生疏和距离感，会让病人觉得十分亲切。平时例行检查时，也可常与病人聊聊家常，像亲人一样去关心病人。良好的沟通能使病人和护士之间建立相互的信任和尊重，如果每个护理工作者都能做到这样，那么由于沟通不良所导致的医患纠纷就能明显减少。

杨卫芳：不忘初心，芬芳自来

人物名片：

杨卫芳，主管护师，1991 年走上护理岗位，先后在杭州红十字会医院胸脑外科、心内介入科工作，现任杭州红十字会医院心内科责任护士。连续多年被评为院内优秀和先进积极分子、优秀带教老师、优秀工会积极分子、优秀党员，2012 年获得杭州市“百名优秀护士”称号。不忘初心，方得始终，杨卫芳老师二十五载如一日，一以贯之地坚持着护理人的职业精神，用实际行动守护着“白衣天使”的圣洁使命。

人生格言：

真心做事，真诚待人。

守护生命，分秒必争

护理岗位工作繁忙又琐碎，休息室的记事板上每日工作安排、各类会议提醒、注意事项记得满满当当，但 25 年来杨老师早已习惯了这样高强度的工作。就拿晨间护理来说，每天早上 7 点多来到医院，在晨曦中换上白大褂，杨老师就要开始为病人做晨间护理，不仅要整理病房，还要检查病人情况，包括口腔卫生、局部皮肤情况、营养状况等。在此过程中杨老师还会耐心地与病人交流，鼓励术后病人多下床活动，为重症病人翻身拍背等，最后还要及时将有关情况反馈给主治医生，而这些工作必须在半个小时之内完成。有时候一天下来，她都没有时间到休息室喝口水，小坐一会儿。

杨老师每天都马不停蹄地奔忙在各个病房，同事们常打趣说她是“风一样的女子”。对于这个称呼，她笑道：“没办法，从早到晚要做的工作都排满着呢，病人的事情一分钟都不能等啊。从穿上护士服的那一天起，我的工作就是在与时间赛跑。”尤其是她所在的心内科，一旦出现病人心脏骤停等突发事件，抢救工作分秒必争，因而日常护理更要细之又细，对病人的情况必须时刻关注。在短短数十分钟的访谈时间里，杨老师也还是放不下病床上的患者们，不时提醒同事注意患者情况，急切的眼神中满满都是责任和大爱。

初心不易，热血不悔

聊起当初为什么选择护理行业时，杨老师说理由其实很简单，就是想帮助更多的人，于是便义无反顾地选择了它。20 多年过去了，这个质朴的愿望一直在杨老师心中，从未改变过。

秉持着救死扶伤的这一颗初心，杨老师始终坚守在护理岗位。这一路走来，曾为生命的无常而感伤失落，也曾因病人和家属的误解而委屈痛心，但却从不曾忘了自己的使命，不曾忘了南丁格尔誓言。她说，她要感谢护士这一职业，是这个职业让她知道如何平等、善良、真诚地去对待每一个生命。每当她看到一个个垂危的生命重获新生，一张张病痛的脸展露笑容，一种幸福和自豪感便会油然而生，她明白她所做的一切都是值得的。前不久的护士节，她收到了很多祝福和礼物，这其中既有来自当时的住院病人，也有好多来自已经康复出院的病人，她说这份心意就是对她最大的肯定，就已足够支撑她坚定地走下去。

正是因为这一腔热血，杨老师着一身白衣走过了无数个宁静的夜晚，即使知道家人在等她回家，依旧把自己的时间献给了一个个伤痛的病人。杨老师说，因为工作的关系，没办法花更多的时间陪伴孩子成长是她最大的遗憾，但她仍然坚定地表示，既然选择了护理岗位，即便愧对家庭也必须把这份责任扛起来。所幸家人十分理解支持，“儿子现在也会心疼妈妈了！”说到这儿，杨老师露出了欣慰的笑容。

严以修身，勤学实干

说起来杨老师可是护理岗位上的老前辈了，尽管经验丰富，但杨老师从未放松过对自己的要求，不断在实践中加强自身专业知识水平和技能。她在工作上尽心尽责，业务上刻苦钻研，平时有疑难病例总是带头顶上，还勤于摸索、总结经验，并毫不保留地分享给同事、学生们。

在努力提升专业能力的同时，杨老师也十分注重自身的思想建设，深受党的信仰感召，在护理岗位实践中坚定了为人民服务的宗旨。2003 年 SARS 疫情肆虐，她主动报名加入了“非典”抗击队伍，担起了照顾院里疑似“非典”病患的重任。面对险重的疫情，她丝毫没有犹豫，一头扎进了防疫和护理工作，并圆满完成了组织赋予的任务。关键时候站得出来，日常工作她也是带头奉献。为了更好地照顾长期瘫痪的病患，杨老师主动牺牲自己的休息时间为他们提供上门服务，帮助更换导尿管、鼻饲管，进行健康宣教，几年来从未间断过。由于她在“非典”期间的突出贡献和一贯的优秀表现，她最终被组织接纳，光荣地成为一名中国共产党党员。

“真心做事，真诚待人”，没有豪言壮语，没有惊天动地，杨卫芳老师用她25年的护理生涯生动地诠释了这一份平凡又特殊的责任，值得我们每一个护理人学习。

杨玉仙：做好每一件事，善待每一位病人

人物名片：

杨玉仙，副主任护师，1990 年走上工作岗位，已在杭州市第一人民医院从事临床护理工作 26 年，现为杭州市第一人民医院膳食科科长。曾获医院首届优秀员工、十佳护士等荣誉，多年被评为院先进工作者，2015 年被评为杭州市优秀护士。虽没有轰轰烈烈的事迹，但她 26 年如一日，兢兢业业，无私付出，用她的敬业奉献感染了无数患者和同事。

人生格言：

做好每一件事，善待每一位病人。

勤业敬业，业务一把好手

杨老师常常说："我是一名普通的护士，但我肩上的责任重大，必须要付出 120 分的努力才能扛起来。"而这一句朴素的话语，可以说也是杨老师勤业敬业的真实写照。

穿梭在病房与护士站之间，输注了无数的盐水，写下无数的护理记录，在

这个没有硝烟的战场上，杨老师日复一日，年复一年，在简单和平凡中积累了经验，成了病人满意、同事公认的业务好手，可以说，她的工作样样都如教科书般规范。记得有一个晚上杨老师值班，有三个病人同时出现紧急状况，一个突然心梗发作，一个出现了低血糖症状，还有一个突发性痰阻塞，出现重度呼吸困难。每一位病人的情况都十分棘手，但杨老师丝毫没有乱了方寸，而是沉着冷静地做出判断，又快又准地解决了每一个问题，病人和家属纷纷感叹“幸亏有杨护士长在”。面对大家的赞誉，杨老师笑着说都是应该做的，只是“熟能生巧”罢了，但这四个字背后是杨老师无数次的默默练习，是数不尽的汗水和泪水。

勤学乐学，医院百科全书

杨老师在护理岗位工作时，病人和家属有疑问首先找到的都是她，不光是询问病情，有时还要做引导员、安慰师，大家都说这个护士态度好，懂的又多。对此，杨老师说：“病人信任我，我一定尽我所能帮助他们解决心中的疑惑。”

就是为了这份信任，杨老师总是不断学习，不仅在专业上追求上进，精益求精，遇到疑难问题总是主动寻求解决方法，绝不轻易放过，在其他方面也是求知若渴，但凡是病人关心的、需要的，她都抽空主动了解情况。如前些年医院进行智能化改造，病人就医流程与以往有了很大不同，不少病人初次使用都很不适应。杨老师便第一时间厘清了各个环节的流程和注意事项，每次遇到病人询问都能迅速帮助解决问题。与此同时，杨老师还毫不吝啬地将这些宝贵知识和经验分享、传授给同事和学生们。因此大家都笑称她是医院的“百科全书”，有什么问题找杨老师，一定能解决。

勤心真心，病患温暖大姐

医者父母心，在20多年护理工作经历中，杨老师总是像亲人一样为病人送去关怀。夜深人静的时候，杨老师巡视病房的身影仍然闪动，那份默默的关怀，让患者心中久久感到温馨；患者病重，病床前有她紧张抢救的一双手，为病人传递一份勇气；需要检查，轮椅旁有她嘘寒问暖的亲切话语，驱走病人内心的阴霾；患者去世了，擦洗、清理、穿衣，还是她陪伴左右。

虽然在实际工作中，杨老师也曾遇到误解，遭受委屈，但她常说病人或家属情绪不好是难免的，作为医护人员要学会换位思考，用真诚去温暖他们。特别是在照料肿瘤病人等重大疾病患者的过程中，杨老师更加注意与病人及家属的沟通，与他们说说心里话，为他们排忧解难，帮助他们以更好的心态度过这段艰难时光。

如今，杨老师由于工作的需要已从临床一线调至膳食科工作。带着对临床护理工作的万般不舍，杨老师将继续以一颗医护人员的赤诚之心，在新的岗位上为广大医护人员和患者带去更多温暖。

吴小平：细雨无声，在平凡中彰显价值

人物名片：

吴小平，副主任护师，杭州市第三人民医院内科护士长，兢兢业业地在护理一线工作了30年。曾在省级护理杂志上发表论文2篇。

人生格言：

多一份关心，少一段距离。

我们的工作是把“小事”做好

光阴似箭，斗转星移，眼前露出亲切笑容的吴小平老师已经在护理岗位上工作了30年了。护理工作虽然很平凡，每一天仿佛都是“程序化”的，每天的工作就是重复地做“小事”，但在她看来，护士的价值和经验就是从这些点点滴滴的小事中体现和积累出来的。不积跬步，无以至千里，小事都做不好，怎么能够做大事呢？

她常常对护士说，小事其实并不小。做护士要培养自己的预见性和前瞻性，有时通过一些小的症状，可以发现病人存在的潜在性问题。如果每天都能在工作中，通过小事去提炼某一种你所认可的、有益于他人的东西，滴水穿石，积少成多，那么这样的工作就是有价值、有意义的。病人对你的信任也是从小事上得来的，病人相对来说是一个弱势群体，在服务的过程中，除了要帮助他解决生理上的病痛，有时还要抚慰心理的痛苦。尽管你只是为他做了点微不足道的小事，但他会很感激你，病人的信任也会让你很有成就感。

总之，任何事情都不是一蹴而就的，吴老师也常常说，不要因为这是一件小事就不在乎，很多时候小事反而更能考验一个人。虽然工作是一样的，但是每天都会有新的事情和现象出现，其实所有职业都一样，在不断地重复中，所积累的东西和所学会的东西都会越来越多。她说，现在患者都很看重医护人员的经验，病患往往都不太放心实习医生和护士去给他们治疗和护理，因为有些老护士可能比年轻医生懂得更多，甚至可以提出医嘱中存在的问题，那么他们的经验是怎么来的呢？他们的经验都是在过去多年的工作中积累出来的，因此不要忽略小事，也不要放过任何问题，要抱着“不耻下问”的态度，让自己获得成长，在平凡的岗位上同样可以创造不凡的价值和成就。

认真是对护理工作最大的尊重

吴老师说，如果只是年复一年、日复一日地过日子，就会变成“混日子”，有的人可以在事业上取得很大成就，而有的人却只是平庸地过完一辈子。要成为哪种人，最后还是取决于自己。有的人成天抱怨工作辛苦，久而久之，心态就不好了，工作也会敷衍了事。但是如果一个护士把病患当成家人一样去对待，一切就会不一样了。对自己的家人你会敷衍吗？你会随便吗？你会不尽心吗？答案显然是否定的。所以，吴老师认为，只有摆正自己的态度，好好照顾病人，认真地完成工作，每天才会过得很充实、很快乐，这便是对护理这份职业最大的尊重。

吴老师即便是做了行政工作，每天了解了病房的整体动态及护士的工作质量、工作目标的完成情况后，一有空她还是会去病房跟病人聊聊天，增进护患沟通，关心病人和护士。每个护士都有自己的岗位职责，一般来说都会按照预先制订的计划去完成，但有时也难免会出现操作不规范或遗漏等情况。在与护士沟通时，她还会问问护士有没有碰到什么困难，如果有，她会尽最大努力去帮她们协调解决问题，这样护士也会觉得有安全感，在工作中也更为安心和踏实。她还认为，护士给自己减负的最好办法其实就是认真做好每件自己分内的事情，每件事情都做好了，就没有后顾之忧。回首自己的工作生涯，吴老师说："每一天我都觉得过得很充实，从来没觉得在虚度光阴。"

空牛奶箱的"重量"

有人说，护士的工作犹如春天的滴滴细雨，让生命的原野再现新绿。与病患相伴，与生命同行，天使的青春已融为患者康复的笑容。是的，无数像吴老师一样的护士，她们对患者的爱也是无声无息的。记得有一次，吴老师像往常一样到病房进行巡视，她看到一个病房的角落里竟满满地叠了十几个牛奶箱，这显然不符合管理规范，也严重影响了病房的整洁美观。但当她走近一看，发现牛奶箱上放着患者的一些生活用品，经过了解她才知道，原来这位老年患者没有人陪护，又无法弯腰，只好想出了这么个办法。按规定这些空牛奶箱肯定是得撤了，但吴老师没有这样做，她悄悄地在这些空牛奶箱里放了点东西进去，拎一下觉得挺重，大家都以为不是空的，也就没有把这些牛奶箱撤走。

“烛光中白色的护士帽承载着纯洁、高尚，宛若天使般的南丁格尔仍在人间。这就是我当初选择护理工作最简单的理由。南丁格尔像是我的灯塔，指引着我无惑前行。”吴老师说道。的确，她用自己的实际行动，穿梭于疾病、奔波于痛苦之间，换来了一位又一位病人的康复和充满感激的笑脸。工作多年，她已深深懂得：爱心和奉献是做好护理工作的基础。有了爱心和奉献，还必须靠恒心和毅力来坚持，靠学习学习再学习的精神和作风来增长知识和技能。在这个新技术、新项目、新药物层出不穷的时代，如果只停留于书本上的知识，那必将会被淘汰。

何秋香：付出的是青春，点亮的是生命

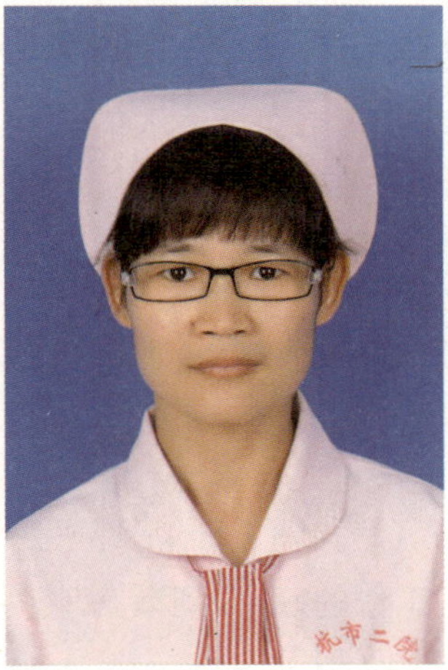

人物名片：

何秋香，主管护师，杭州师范大学附属医院普外科责任组长。1995 年参加工作至今，已在普外科工作了 20 余年，数十年如一日，兢兢业业。

人生格言：

工作着是幸福的。

勤恳付出，不悔青春

刚工作的时候，何秋香老师年仅 19 岁，她带着对护理工作的一份好奇，也带着对护理工作的无限热情来到了杭师大附属医院。初入这一行的前几年，是她最苦最累，也是收获最多的岁月。在学生阶段，靠着“死记硬背”，学了不少理论知识，进入医院后，她不断地锻炼自己的实际操作能力，哪怕是输液、发药这样的小事。有了扎实的理论基础和不少的临床实践，她的临床护理能力日益精进，为今后的工作打下了良好的基础。

有的时候，身边的人也劝她，做几年护士，然后去换个别的工作吧。在别人眼中，护士工作又苦又累，跳槽是司空见惯的事。但何老师认为，护士工作虽然要三班倒，但比较有规律，也有一定的自由支配时间，三年五年坚持下来，慢慢地就会爱上这个职业，对这份工作的理解也会愈加深刻。在访谈过程中，她说道："工作久了，你就会觉得我该对这些病人负责，我该为这个社会做出贡献。这样的信念一直支撑我坚持下去。大家的坚持，就是所有人的不放弃。"

在何老师的同事眼中，她就是一个不折不扣的劳模。有位同事说："我刚毕业到这个医院学习，就已经听说何老师的名字了。我们是 7 点半上班，她基本上 7 点左右就会到病房。她对于基础护理的要求很高，比如对病人的晨间护理、床整理等的要求都十分细致，不是说马马虎虎，随便做一下就可以过关的；对每个病人及临床教学她都非常认真有耐心，比如在给病人灌肠的时候，何老师会亲自过来给我们示范，按照步骤仔细教我们，简单的操作也非常考验我们的耐心。"

20 年的工作生涯，有苦也有甜。在她看来，任何一个职业要做好都是辛苦的，而她对护士这份工作已经非常满足。从最初对工作的好奇，到渐渐地喜欢上这个职业，即使工作再累她也没有想过放弃，病人的感激会让她充满能量。有时候一些急诊病人来到医院，脸上带着痛苦求助的表情，接受治疗一两天后，看着病人的病情有所好转，每当这个时候，她很开心，也很满足。尽管治疗过程比较复杂，病人有时因为护士很"啰嗦"会有点情绪，但最终病人的感激都大于抱怨，对此，何老师内心倍感欣慰。

以善举点亮生命

曾经有一位 24 岁的云南青年，因为感情问题和别人打架，被人用刀捅了，导致脾脏破裂。这个病人被送入医院手术后，刚好分在何老师这一组。刚开始，这个青年因为感情受挫，思想比较偏激，他觉得社会上所有的人都是恶人，带着一种强烈的报复社会的情绪和自残心理，很不配合治疗，加上在杭州没有什么亲戚，身边也没有什么深交的朋友，住院时根本没人来照顾他。面对他的恶劣情绪，何老师不仅不在意，还给他无微不至的照顾，在他不能活动的时候，还帮他换衣服，帮他翻身。经过一段时间的治疗，这个病人终于可以慢慢进食。

当时这个病人身无分文，医院出于人道主义，给他开通了绿色通道，为他进行免费救治。何老师作为他的责任护士，看他身上没钱，就自己拿钱给他垫付了部分费用，虽然数量不多，但已经足够解决他的温饱问题。同病房的人被她的善举所感动，也纷纷伸出援助之手，你一百我两百地捐钱，甚至有一位同病房截瘫的病人，也掏出200元捐给这个青年。

何老师身边也有人说，不要理会这种人，当心好心没好报。听到这些话，何老师不以为然，她说："如果他是一个三四十岁的中年人，那我们是不会管他的，因为他有社会辨别能力。可他现在才是个20刚出头的小伙子，又离家在外，价值观还不成熟。如果你不去拉他一把，他可能就会走向深渊，但如果你拉他一把，他可能就会返回社会，做个好人。"

何老师的善举感动了这个青年，病友们的温情融化了这个青年心里的坚冰。在出院后不久，他就回医院把欠医院的费用都结清了。据这个青年自己所说，其实他并不是没有钱，而是觉得社会上的人都是自私自利的，带着一种报复心理，一开始他不愿意把钱拿出来。何老师的无私帮助感化了他，让他觉得社会上还是好人多，他内心的不平衡也慢慢被抚平。出院后，他在杭州也找到了一份稳定的工作继续生活。

再后来，这个青年也做了一件令何老师感动的事情。在医院里，病人给医生送锦旗是比较常见的，但很少有人会想到给护士送锦旗。“当时他是偷偷摸摸地进来，手里拿着一面锦旗，用东西包着，然后递给我。我打开一看原来是一面锦旗。”何老师回忆说。收到锦旗的何老师十分感动，这个青年还告诉他，当时他不让医院通知父母，因为就在他出事前一个月，他父亲也出了车祸，脑溢血，情况也是比较严重的，为了不加重家里人的心理负担，他选择不告诉他的母亲。所以，他对何老师充满了感激之情，在他最困难的时候是大家伸出援手帮了他。为了知恩图报，他表示，今后也会向何老师一样，做一个温暖社会的人。这件事情在何老师脑海里留下了深刻印象，的确，人跟人之间，互相温暖，社会才充满温情。

余立平：常怀感恩，爱在心中

人物名片：

余立平，副主任护师，杭州市老年病医院护理部主任，从事护理工作20余年，获得杭州市卫生局先进工作者、杭州市优秀护士等称号。

人生格言：

努力工作，优雅生活。

老吾老，以及人之老

余立平老师在杭州市老年病医院已工作多年，她的服务对象是处于“生命末班车”上的老人。她说，谁都有老去的一天，老年病医院就像是生命“加油站”和“修复站”，帮助老人康复，减轻老人的病痛。面对这样一个特殊的群体，她认为，作为护理人员，一定要关怀老人、理解老人，了解服务对象的生理、心理特点，有时候老人的一些“出格”的举动，很可能是想引起别人的关注。从生理特点来说，随着老年人的生理机能退化，身体受疾病困扰，自理能力开始慢慢减弱，这时候的他们，已逐渐感受到了生命的流逝，所以更迫切地渴望被关心。在这样一个阶段，医护人员应该带着同理心去关怀、去问候、去理解他们。

余老师说，老吾老，以及人之老，对待病患要像对待自己的亲人一样，去关心和陪伴。

余老师参加工作的第二年，病房有一位胃癌患者，只有60来岁，家里是开书店的，经济条件比较好。余老师有空时就会到病房去看看他，到现在她还记得病人说过的一句话——“只要谁能救我，我把所有的钱都给他”。但是现实很残酷，毕竟生命不是金钱可以换来的，他还是带着对人生的眷恋走了……走之前病人送给余老师一套四大名著，在弥留之际，病人对她说：“小余啊，身体健康是最重要的，没有了健康，再多的钱也没用，所以你一定要爱惜自己的身体！”余老师感到深深的惋惜，生活也许就是这样，当你拥有时往往不知道珍惜，但是失去了却再也无力挽回。经历了这件事，余老师愈发关注自己和家人的健康，也愈发觉得自己从事的职业是非常有价值的，在护士这个岗位上，她可以通过自己的努力，帮助别人重新拥有健康的身体，引导大家重视健康。

随着老龄化程度的加深，我们要关心老年人的身体健康，且心理关怀也同样重要。也许是因为常年在老年病医院工作的原因，余老师总是跟身边的人说：“常回家看看，千万别等到子欲孝而亲不待。”在余老师的印象中，有一位老太太令她印象十分深刻。老人家年轻的时候，因为家里非常困难，就把自己的其中一个女儿送人了。多年过去了，她的内心却一直牵挂这个女儿，但是她不和子女说，也没有找，因为她觉得非常对不起这个女儿。后来，老太太生病住院了，她的老伴辗转联系到了这个女儿。第一次，她女儿虽然来了医院，但没与老太太见上一面就走了。第二次来的时候是在老人弥留之际，母女俩握着手，流着泪，虽然什么都没有说，但是她们眼睛里闪烁着的泪光，紧紧握住的双手让在场很多人都为之动容，老太太很欣慰地走了。余老师感谢这样的经历，也感慨人生的不易，亲情于一个人来说是多么重要，没有亲情何以温暖生命？她说，老年人辛苦了一辈子，是最值得我们尊敬和感恩的人，关怀老一辈人就是关怀将来的自己，全社会都应该关注关心老年人，为他们创造更好的晚年生活条件。因此，做好老年护理工作，对于社会和家庭都有重要的意义。

态度决定一切

护理行业是众所周知的辛苦，工作强度较大，三班倒的工作时间令很多人望而却步，因为担心夜班对身体的影响，有的人甚至转行做其他工作。对此，余老师说："护士这份工作固然有它辛苦的地方，比如上夜班，对身体的影响也是有的。但实际上很多工作都是有夜班的，换句话说，一行有一行的辛苦。希望大家不要片面地把上夜班、工作辛苦之类的困难扩大化，而要积极看到这份职业带给一个人的收获和历练，感受工作给予的成就感，当你上夜班，把一个

病人抢救过来时，不是很有成就感吗？"她认为，在进入这一行之前，如果护士对职业缺乏正确的认知，没有甘于平凡、乐于奉献、不怕吃苦的精神，那工作起来很有可能是不快乐的。

余老师说，心态决定一切。她曾去日本参加培训，觉得中国的护士和日本的护士相比，工作还是相对轻松的，当然两国的医疗体制也有差别。有句话说得好，不能改变它，就去适应它。在大环境无法改变的情况下，我们要以积极的态度看待自己的工作，善于发现工作的乐趣，自然也就能苦中作乐了。

要脚踏实地地学习

面对前去采访的同学，余老师也十分关心她们的成长，她说，在校护生是

护理事业的生力军，希望大家既能抬头仰望星空，也要学会脚踏实地。特别是护理专业的学生，必须绝对务实和脚踏实地。余老师有多年的带教经历，她发现很多同学的基础知识并不扎实，甚至一问三不知，这样的理论基础怎么能应对工作？护理这个职业是为人服务的，要求必须精细准确，不能有一点误差，有时也许正是因为这一点点误差而给病人造成致命性的打击。护士是诊疗的最后执行者，也是把关者，只有脚踏实地，仔细谨慎，做好自己的每一步操作，才能真正为病人的健康服务。

进入实习和临床工作阶段后，余老师认为，慎独精神的培养是至关重要的。比如值夜班的时候，在没有人监督的情况下，病区的病人都由你管理，由你负责，这时，你就要对病人负责，要能够独自认真并谨慎地完成工作，照顾好病人。她反复叮嘱同学们，在大学期间最应该做的就是认真、精准地掌握临床基础知识，掌握较好的临床实践能力。

余立军：天使仁心，平凡美丽

人物名片：

余立军，主任护师，杭州市红十字会医院大外科护士长兼肛肠外科护士长。曾在《护理与康复》《护理研究》《中国健康教育》《中国中医药科技》《南方护理学报》《上海护理》等杂志上发表论文近10篇。2002年被评为局级先进工作者，曾被评为杭州市十佳护士、三八红旗手，2010—2012年度局级优秀共产党员。

人生格言：

不忘初心，方得始终。

很平凡，很满足

早晨7点半，余立军老师便准时踏进病房，工作服、帽子穿戴整齐后，她和护士们就开始忙碌起来，她们要在8点钟大交班之前做好晨间护理工作。接着，夜班护士会把晚上病人病情的变化交给医生、护士，10—15分钟后，医生会去查房，余老师就开始布置一天的护理工作重点，明确护理要求，以及几个大手术的责任护士……每一天几乎都是如此。

面对日复一日“枯燥”的高强度工作，余老师和她的伙伴们依然一丝不苟、认真严谨。作为护士长，她总是责无旁贷地做好榜样，每天都会来得比其他护士早一点，对护士们也是严格要求。余老师说：“当我们进病房时，我们代表的不是个人，而是一位专业护士的形象和医院的形象。如果一个护士在进病房的前一刻，嘴巴里还吃着东西，人的状态还嘻嘻哈哈的，或者还没睡醒的样子，病人是不会对你放心的。”余老师认为，病人的信任十分重要，如果护士给病人的感觉是很认真的，那么他就会很配合，反之，病人一旦对护士不信任，那么之后的护理工作势必会受到影响。有一次一个比较认真的护士，给病人打针时几次打不进，病人并没有恼火，反而开玩笑地说，这么认真的护士，技术也要练好啊。她说，认真的人哪怕有点小失误，病人也会理解，当然，越是认真的人，其实失误是越少的。只有对自己方方面面的要求严格，病人才会信服你，才会愿意配合你的治疗。

面对较大的工作量和工作强度，余老师总是提醒护士们要注重工作效率，当然，工作效率提高的前提是要保证质量，要时时刻刻去记得有一个人的生命是掌握在你手上的，护士一点点的失误都可能会影响病人的康复。她还对前去采访的同学们说，在校期间一定要掌握好专业的基础知识，同时也要熟练地掌握好临床操作能力，而这种能力有赖于同学们反反复复的练习，不要怕枯燥，不要怕烦琐，只有通过一次次的练习，才能对各种突发事件应对自如。

30多年来，余老师在医院待过的科室有9个之多，经历非常丰富。终日的忙碌与奔波，她也感到辛苦，但是病人们身体好转时，简单的一句“谢谢你”，又让她有了满满的成就感。从开始时一个人战斗，到现在带领一帮姐妹们一起兢兢业业地奋战在临床一线，帮助病患健康地重新上路。正是这样一份平凡的职业，让她在工作中体会到了自己存在的意义，现在的状态，她很满足。

我为人人，人人才为我

一名优秀的护士，不仅在专业上是优秀的，还要具备设身处地为他人考虑的爱心与责任心。余老师常说："只要你真心实意地对待病人，病人一定也会很真诚地对待你。我们要学会把病人看成是我们的朋友，朋友需要帮助的时候我们自然要伸出援手去帮助他渡过难关。那么病人会对你非常感激，当你体会到了病人的感激之情，你自然会对护士这个职业产生一种满足感。有了动力，你就会一直坚定如初地走下去。"余老师认为，爱心和责任心是胜任护士这份工作的基础，一个没有爱心、同情心和责任心的人，在护理岗位上，她只会感受到压力，不会有成就感。

记得有一天，余老师的病房来了一位急诊肠癌术后的老年病人，腹壁有人工肛门，大便是直接从腹壁出来的。患者自护能力不好，家属也有嫌弃的表情。余老师二话不说，立即给病人清理造口，贴好造口袋。考虑到病人出院后的生活，余老师在病人住院期间耐心地教会他如何去贴造口袋，如何进行人工肛门的自护。余老师认真地说："如果病人不会人工肛门的自护，造口袋没有贴好，那他的生活质量会很差，长此以往，他的家人会嫌弃他，周围的人也会嫌弃他。到时候病人在生理上是治好了，但是他不能成功地回归社会，这不是真正的痊愈。只有能回归社会，正常地工作，与他人和谐相处，才能真正实现生理与心理上的痊愈。"

以前余老师在脑外科上班时，临近下班时间，一个素不相识的中年妇女站在护士办公室门口，焦急地盼着余老师下班。原来，这位妇女的母亲（一位老教师）长期瘫痪在床，家里还有一个老父亲，身体也不好，且只有她一个女儿。她母亲的导尿管需要每个月更换一次，社区卫生院不会换，每次更换都要叫“120”急救车送到医院，这给家庭带来极大的困难。这位妇女知道余老师是脑外科护士长，抱着试一试的心态，想请余老师帮个忙，帮她的母亲更换导尿管。了解了这位患者的困难后，忙碌了一天的余老师虽然早已身心俱疲，但她顾不上疲惫就直接上门帮忙更换了导尿管。后来，余老师带领科室里的护士定时上门义务服务，这个“爱心接力棒”持续了很长时间，直到这个老教师去世。

这些事情也许只是余老师职业生涯中的小事，但我们却看到医者仁心，感受到这些在平凡岗位上的“天使”们多么美丽，多么令人敬仰。正如余老师说的，我为人人，人人才为我。一个人只有帮助了别人，才能获得别人的帮助，这个社会才会充满正能量。

沈小玲：踏踏实实做人，勤勤恳恳做事

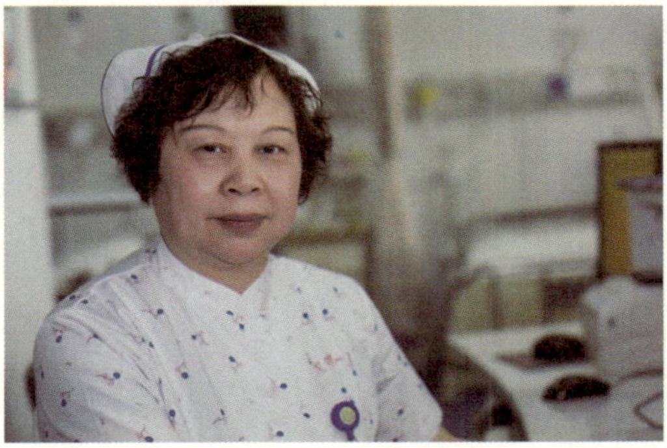

人物名片：

沈小玲，主任护师，杭州市第一人民医院急诊科护士长，兼任杭州市第一人民医院急诊党支部书记，中华护理学会急诊专业委员会专家库成员，浙江省护理学会急诊专业委员会常务委员，杭州市急诊专业委员会副主委。曾在浙江医科大学护理系临床护理专业、复旦大学护士长管理学习班、香港护士教育学会护士长管理学习班进修学习；在《中华护理杂志》《护理与康复》《中国农村卫生事业管理》等杂志上发表论文数篇；曾荣获杭州市劳动模范、杭州市卫生系统先进工作者、杭州市卫生系统优秀共产党员、市一医院十大优秀员工等荣誉称号。

人生格言：

踏踏实实做人，勤勤恳恳做事。

1981年，沈小玲老师从杭州护士学校毕业后，就被分配到杭州市第一人民医院工作，在担任急诊科护士长之前，她曾在急诊科、肾内科、干部病房等科室从事临床护理和护理管理工作。无论在什么岗位，她始终严格要求自己，踏实做人，勤恳做事，全心全意地为病人服务。

爱岗敬业，心系急诊

急诊科是医院的重要科室，更是一个看不见硝烟的战场，时刻经历着生死时速。而她在这样的战场上奋战了二十二年。当危重病人抢救需要人手帮助时，当突发事件发生抢救室应接不暇时，不管是节假日或者夜间抢救，只要一个电话，她便二话不说立即赶到现场，义无反顾地冲上战场。

"H7N9""集体中毒事件""校车事故事件""7·5公交事件"等，每当有重大公共事件发生，都可以看到沈老师的身影。2014年，"公交车7·5燃烧事件"牵动着全国人民的心，她接到护士的电话时，正在给发着高烧的女儿煮粥，放下电话后，她来不及和女儿交代一句，随手套上衣服，便快速赶到医院。此时此刻，她深知，时间对于这些伤员有多宝贵。在途中，她马上通知科室护士骨干赶赴医院，到达后积极组织协调参与伤员的抢救工作。随着伤员陆续增多，不同部门的人员也参与进来，她立刻根据人员和伤员情况进行工作安排，因为有效的组织协调，近百名工作人员在抢救室有序开展工作，29名伤员得到了最合适的照料。经过3小时的奋战，重伤员被顺利转运至专科医院。剩下6名留院伤员，她果断地把观察室腾空，安排护士对6名伤员一起进行治疗、护理，对这次救治工作的顺利进行做出了突出贡献。

善于创新，优化管理

作为急诊科护士长，她在危重病人的抢救和护理上有丰富的临床护理和管理经验，她带领全体护士改变观念，开拓创新，通过不断地开展持续质量改进优化急诊流程。

2013年，“脑卒中国际指南”还未到达市属医院时，她就发现了脑卒中患者从入院到溶栓时间上可以有进一步优化的空间。她通过品管圈的手法，带动科里的骨干护士，指导他们如何发现问题、解决问题，通过实地验证可改善的环节，运用脑卒中 checklist，把脑卒中患者从入院到完成检查出报告整个过程时间控制在45分钟内，并持续保持。2014年，神经科医生提出缩短脑卒中患者 door-to-needle 时间时，她已经把这项工作开展得很成熟。急性冠脉综合征的救治也是如此。她从患者安全出发，善于发现、研究与创新护理方法，与“死神赛跑”时赢得了时间，大大提高了治愈的概率。

作为医院危重质控组成员和杭州市急诊专业副主委，沈老师在危重患者护理质量控制中做了许多工作。随着医院集团化建设的发展，危重病人增加，

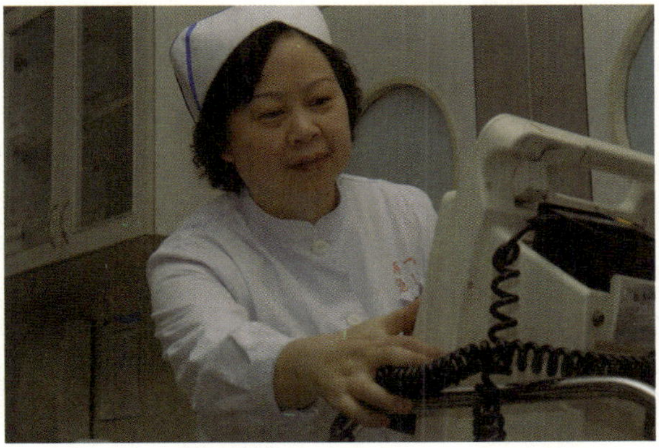

在跨科收治病人的过程中，护士们常常面临着危重病人的管理问题。在护理部的支持下，她带头建立了危重症专科小组，组织各科的骨干力量，根据临床实际需求开展多种形式的培训，打造一支护理专科团队，为各科的危重病人护理和质量管理做好保障。急诊科年轻护士多，而且是“铁打的营盘流水的兵”，护士流动性大，如何教好、带好这支队伍，使这支队伍富有凝聚力和战斗力，使他们在这样特殊的环境下，能够快乐地生活、安心地工作、健康地成长，一直是她思考和努力去做的事情。作为一名有30多年护理工作经历的老护士，她非常重视护士的培养。有人说，急诊是“黄埔军校”，在这里她帮助他们制订职业规划，发展他们的特长，展现他们的才能。在卫生系统的技能比武和优秀护士的评比中都涌现出许多精英，在卫生部、卫生厅、卫生局的多次检查中，他们得到了很好的磨炼，并展翅高飞。近10年，

在她的急诊护理团队中产生了护士长 6 人，学会组织主委 1 人，省学会委员 2 人，获得急救技能专业资格数十人。在这些人中，有些人曾经不被认可，有些人曾经想离开护理岗位，有些人工作积极性差，但是沈老师用自己的耐心、积极向上的心态和丰富的人生阅历，激发他们发现自己的优点，鼓励他们积极思考，挖掘他们的潜能，通过“送出去”让他们自己去开阔眼界，让他们从内心深处扎根于护理事业。

无私奉献，大爱情怀

沈老师清楚地记得，有一次，在急诊门口的走廊上坐着一位男子，只见他蜷曲着身子，面色苍白，大汗淋漓。凭着多年的急诊工作经验和职业敏感性，她主动上前询问，同时立即呼叫同事一起将男子抬进抢救室安置在床上，测了血压是 60/40mmHg，于是立即组织抢救。经过进一步的询问病史和检查，发现这位男子是消化道出血引起的失血性休克。由于及时的抢救处置，病人转危为安。通过这个事例，她对护理人员提出了一个要求——“患者来医院，请大家先开口询问患者需要什么帮助”，严格要求预检护士关注患者，主动服务，并对此进行持续质量改进，规范预检急诊患者处置流程和服务理念。就是这样，在急诊工作的几十年岁月中，她从细节处着手，把对患者的责任心、爱心渗透在一点一滴的小事中，跟她的团队一起挽救了无数条生命。

沈老师在完成日常工作之余，经常参加一些志愿者活动，穿上红马甲，尽自己的力量帮助有需要的人。为了拓展延伸急救服务，2013 年她与小营社区建立共建协议，每年定期为社区居民提供健康咨询和老年慢性疾病自我护理指导，她主动向社区负责人提议，是否有长期卧床不能前来听指导的居民，希望给这些困难的居民提供帮助。这一提议也受到了居民和社区的好评，虽然是一点点小事，但她总是思考着给别人帮助，做工作就要做得尽可能细致。当了解到偏僻山区健康知识缺乏后，沈老师于 2014 年组织了送医下乡到淳安县宋乡村，动员全体党员同志和当地卫生所合作，特地安排了内科、外科专家和村民面对面就诊，并和当地卫生所的医生合作，对检查有问题的村民，及时给予检查和用药。她还积极参加杭州市科协和上城区举行的科普教育活动，利用业余时间，到社区、学校、山区进行科普知识讲座和现场指导。

沈老师说，在自己的成长道路上，离不开身边的人给予的力量和鼓舞，其中有单位领导提供给她良好的机会与平台，有她的带教老师、同事、家人对她的培养、教育和支持，还有病人的理解和支持。她有很多的“病人朋友”，一些慢性病的老人总要反反复复来医院检查、配药，每次到医院都会去看看沈老师，尽管没什么要紧事，沈老师总是抽出时间跟他们见个面，唠唠家常，聊聊天。这些老人曾经是沈老师护理过的病人，能得到病人的信任并成为朋友，她倍感温暖。

对所取得的成绩，她表现得很淡然；对所做的工作，她总是全身心投入。她常说：“作为一名有 36 年护理工作经历的老护士，我不仅自己要立足本职工作，用真诚的爱去抚平病人心灵的创伤，用火一样的热情去点燃患者战胜疾病的勇气，还要把年轻人带好。”她以实际行动充分展现了老一辈护理人勤恳务实、无私奉献的“白衣天使”风采。

沈国莲：儿科里的守护天使

人物名片：

沈国莲，副主任护师，自 1989 年进入杭州市第一人民医院儿科病房工作，已从事临床护理工作 28 年，现为市一医院儿科病房护士长。曾在《护理与康复》《当代医学》《现代中西医结合杂志》《中华医学杂志》等杂志上发表过 7 篇论文。

人生格言：

相信自己，做自己该做的。

白衣天使，救死扶伤

酷暑时节，我们前去采访沈国莲老师。见面时沈老师笑意盈盈，自然流露出的亲切、和善，顿时消弭了恼人的暑气。置身于有孩童嬉笑玩闹声的儿科病房，看着他们天真烂漫的小面孔，我们来时的紧张和不安也随之消失殆尽。这就是沈老师的另一个“家”——杭州市第一人民医院儿科病房，一个铭记了她近 30 年人生喜怒哀乐和护理工作生涯的“家”。

年轻的时候，沈老师就对白衣天使这个称号充满了敬重感，觉得医生和护士特别神圣，能够救死扶伤，帮助病人摆脱疾病所带来的痛苦，所以她不假思索地报考了护理专业，非常光荣地成了一名白衣天使——护士。在护理的工作岗位上，沈老师每天兢兢业业地工作，积累了丰富的临床经验，练就了娴熟的操作技能，赢得了大家的赞赏，成了大家争相学习的榜样。

工作多年以后，沈老师才渐渐明白“白衣天使”这个称号不仅仅意味着赞美，更多的是一种责任。她每天巡视病房和处理问题走过的路，算下来有十几公里，如果遇上抢救病人更是要“眼观六路，耳听八方”。忙碌、繁重、紧张、琐碎，常常令她忘却了时间，而这是工作的常态，加班对她来说更是家常便饭。在沈老师的记忆中，按时下班是一件很奢侈的事情，和家人一起准点吃上一顿晚饭是很困难的，有时在业余时间还要为赶去处理科室里的问题而推掉朋友聚会；手机常年 24 小时不关机，因为医院的电话就是命令，只要科室需要，随时都准备“上战场”。当护士以来，多少个节假日都是在医院度过的。

即使一直处于紧张和高压之下，沈老师也从不后悔自己当初的选择。她说：“因为我有信念，这一切的酸甜苦辣与生命本身相比又算得了什么？我能够尽我最大的能力，去奉献自己，全心全意地关心和帮助那些需要我们帮助的人，我觉得自豪！”

把工作的每一天当作修行

众所周知，儿科的工作极具困难和挑战，家长的过高要求和期望要求护士们掌握过硬的技术。除了自身进一步的学习和提高，沈老师还要对科室不同层级护士进行培训和考核，对科内护士更是事无巨细地给予她们恳切的指导和帮助。不管是工作还是学习，沈老师都积极带头，引领护士们前行。

儿科护理中棘手的问题比较多，比如科室的年轻护士面对血管条件差的小儿，尤其小胖儿，常常束手无措。有些家长对小护士本来就不怎么放心，再加上心疼孩子，如果不能一针见血，就开始指责、谩骂，脾气暴躁的家长甚至还会动手。这样的情况在儿科病房时有发生，有时甚至连高年资的护士也无法把家长安抚好，每当这种时候，沈老师往往会“神一般地及时出现”。她一边向患儿家属做好解释和道歉工作，一边帮小儿进行护理操作，她一次次用自己娴熟的技术和温柔的安慰化解矛盾。沈老师笑着说：“困难不是绊脚石，对我来说反而是垫脚石。”

经过多年的历练，沈老师已经成了一位优秀的领导者和协调者。她不仅善于管理病房、保证护理安全、提高护理质量，还跟临床医生及医技、后勤等各个部门保持良好沟通、相处融洽，使整个科室的工作配合默契、氛围良好。沈老师不仅要处理护患之间的矛盾，协调医患之间的矛盾，还要处理病患之间的矛盾。每个孩子都是父母长辈捧在手心里的宝贝，当宝贝虚弱地躺在病床上，家长们更希望自己的孩子能拥有最好的休息环境，所以病房矛盾就这么产生了：有些家长要开空调保持环境舒适，有些家长希望开窗通风促进空气流通；有些家长嫌同病房的患儿太吵，要求换病房；有些家长介意邻床高热或不同病种担心被传染，也要求更换病房。沈老师常常在其中斡旋，处理妥当，她也时常将这些事情当成案例在讲座上给小护士们做具体分析。护士们都佩服沈护士长，好像没有护士长处理不了的矛盾。有人这样评价：沈老师后脑勺生有一双洞察人心的眼睛，能看透科室的一切事情。

当我们问及沈老师如何才能做好儿科的病房管理工作时，她说：“作为医护人员，你每天要面对形形色色的人，你要做好这份工作，首先肯定要热爱自己这份工作，必须

具备坚强的信念，尤其是在目前医患关系十分紧张的环境下。其次要学会换位思考，拥有细心、爱心和耐心，才能够胜任儿科的管理工作。对大多数人来说，都只会站在自己的立场上思考问题，而对于医护人员，换位思考很重要，特别是面对自私的、不讲道理的病人，还能保持一颗博爱和包容之心，就特别不容易。所以我把自己工作的每一天都当作修行，不断地磨炼自己，提高自己的修为。”

学无止境，后生当努力

护理是一个特殊的职业，沈老师说，要做一名称职的护士，要做好三个方面的准备。一是要有信念。目前各种原因导致了护理队伍不稳定，护士辞职率相对较高。沈老师以身边人举例，从她参加工作开始，由于巨大的工作压力导致家庭、事业难以兼顾等原因陆续离开临床护理岗位的同事和朋友不在少数。所以，对于在校护生来说，在认真完成护理课程的同时，一定要好好思考是否真的热爱这个职业，是否能在这个岗位上坚定地走下去。面对现代社会对医疗团队的苛刻要求、医患纠纷的巨大压力，唯有强大的信念，才能让自己有足够的勇气去面对日后职业生涯中遇到的所有困难。二是要锻炼能力。沈老师言简意赅地归纳了三点：丰富的理论知识、娴熟的临床操作能力和具备一定的教学科研能力。能力来自于积累，但也需要有奋发向上的态度、学无止境的意识和精益求精的精神。三是要有奉献精神。要成为一名合格的护士，必须具备奉献精神，有爱心、耐心、同情心，从本质上说，是有一颗善良、悲悯之心。南丁格尔曾言，精细的艺术要靠高洁的护风和高尚的护德铸就。的确，从事护理这份职业，如果缺乏了这其中的任何一样，或许都将难以胜任。沈老师殷切地期望，护士们要努力学习，继承南丁格尔的人道主义精神，为护理事业做出贡献。

三分治疗、七分护理，从晨曦微露到夜深人静，或在热闹的门诊或在寂静的病房，伴随生命的诞生、疾病的消退，白衣天使们不离不弃，用青春和坚守，为燕尾帽增添一道光。一袭白衣，似平淡无奇，却是最美。

张玉娟：认真做事，踏实做人

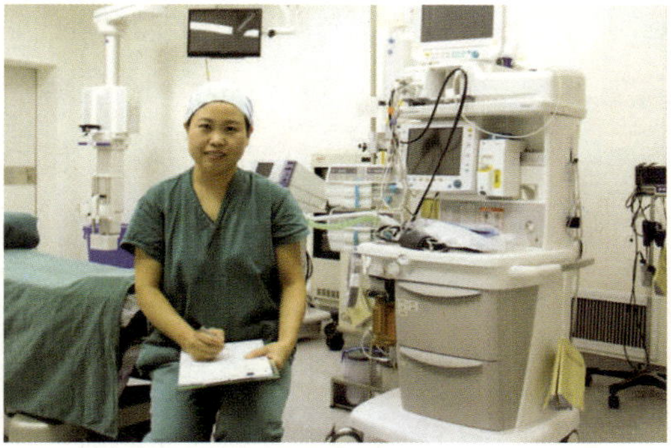

人物名片：

张玉娟，副主任护师，杭州市西溪医院（原杭州市第六人民医院）外科护士长兼手术室护士长，曾在国家一级、二级医学杂志上发表论文数篇，多次被评为院级先进工作者、安全护理标兵、优秀管理者，2012 年被评为杭州市卫生系统局级先进个人，2013 年被评为杭州市“百佳”健康卫士。

人生格言：

老实做人，踏实做事，我奉献，我快乐。

手术室的酸甜苦辣

张玉娟老师 1991 年从学校毕业后就分配到手术室做护士，一眨眼已经工作了 25 年。目前她是外科护士长兼任手术室护士长（包含普外科、脑科、骨科、泌尿外科、妇产科、手术室等科室），可以说基本上医院的手术都是在张老师所在的科室进行。早上 7 点半，张老师忙碌的一天就开始了，一般她会到科室巡视手术间，查看手术物品，然后在8点钟晨间交班，手术开始，在这过程中张老师起到调配的作用，比如她会根据前一天的手术名单，按照手术切口的污染程度分配手术室并安排好手术顺序，再给每个手术间分配好配合的护士。如果某些病人病情突然恶化需要安排紧急手术，外科医生通常会找她商量当天临时添加手术。除了沟通协调好手术、安排护士工作外，她还要监督医生、护士们清洁消毒手、穿脱手术衣等是否按照操作规程。时间长了，她已经熟知每一台手术的操作，这样协调起来也更游刃有余。

在手术室工作这么多年，令张老师印象深刻的事情有很多，她为病人手术成功感到欣喜，也为生命的离去感到无奈，生死一线间，她体味着工作的酸甜苦辣。她说，复合伤的病人是她最不愿意遇到的，因为复杂的病情有时让医护人员即使拼尽全力也无能为力，看到生命在眼前逝去，她总觉得生命很脆弱，而自己的力量太过渺小。记得有一年元旦的时候，有个年轻的小伙子因车祸需要手术，伤势很严重，当时张老师和她的伙伴们配合医生一起竭尽全力地抢救，但最终也没能挽救这个小伙子的生命。小伙子太年轻了，美好的生活才刚刚开始，他就这样离去了。看着病房外伤心欲绝的家属，张老师也难过极了。虽然手术室里的生与死，医护人员是见得多的，但心思柔软的张老师，每每看到生命离去，她总是会难过不已。

作为手术室的护士，加班和突发状况是家常便饭，工作的忙碌使得她照顾家人的时间一再压缩，但她的家人很理解她，这让她又欣慰又愧疚。她喜欢手术室的工作氛围和环境，个性直爽的她，和外科医生们合作很到位，相处得很融洽。一台手术需要麻醉医生、主刀医生和手术室护士三方合作，默契配合，才能达到最佳的手术效果。她说，现在她们医护之间的关系不是亲人却胜似亲人，感觉像是一个抢夺生命的团队，每天都在和时间赛跑，她们为赢得“比赛”而欢呼，“失利”时又彼此鼓励，张老师说，她很享受团队的这种工作氛围。

她和她的“孩子们”——一个充满战斗力的团队

张老师亲切地称手术室的护士为“孩子们”，每个“孩子”的特点她都如数家珍。工作中，她们默契又严谨，是冰冷的手术台旁不可或缺的一个充满战斗力的团队。

张老师说，相比于其他科室，手术室护士需要掌握的知识更全面，很多相关知识或边缘性知识都要有所了解，比如骨折手术病人可能会并发高血压、糖尿病，也可能心脏和肺部有损伤。在手术过程中，医生和护士要一起观察病情，护士要始终遵循医嘱，做到心中有数，医生无暇顾及的时候，护士就要时刻关注，及时发现突发病情。除此之外，她们还要了解每一台手术的生理解剖，以及每一个医生的手术和用物习惯，这样大家配合起来才会很默契。在高强度的工作环境下，手术室护士动作往往干净利落，面对突发状况时能够临危不惧，心理素质非常好。因此，从这些方面来说，手术室护士的素质要求是比较高的。

作为这样一个团队的带头人，张老师对自己的“孩子们”既心疼又骄傲。因为手术室护士工作难度大、专业性强，人手不足时也无法短时间内从其他科室借调。晚上除了值班的人员，她还要安排若干备班的人员，如果晚上紧急手术多，备班人员就必须立即赶到医院里。张老师更是常年备班的人员之一，为此她放弃了很多休息时间。更为特殊的是，手术室的护士都要求手机 24 小时开机，不管是值班还是备班，必须随叫随到。她曾对手下的护士开玩笑说："宁愿饭不吃，电话费也要交。"护士在备班的时候，总会先试着打自己的手机，看是否通畅，就怕遇到紧急情况其他人联系不到自己。有时候在公交车上，也会时常拿出手机看看，唯恐遗漏掉信息。说到这些细节，张老师不无骄傲地说，她的团队能长期保持这样的状态，紧要关头顶得住、靠得牢，打赢了一场又一场生命保卫战，关键是靠自身高度的责任感和把生命放在首位的精神。

理解与责任

在手术室工作的同时，她还兼任病房的工作。与手术室相比，病房里的工作更需要与病人、病人家属进行沟通，沟通时出现分歧也是难免的。张老师认为，要去理解病人的心理，换位思考，感同身受，这样病人才会从心底接受你。同时，要取得病人的理解，操作上做到严谨、细致。护士尤其是手术室护士，首先要具备"慎独"精神，因为手术的无菌要求是很严格的，无菌物品受到污染，就算没人看到，也要重新消毒。如果因为怕责备就直接给病人使用，不仅是对病人生命的不负责，也会影响到你的伙伴——医生，做到这一点需要很强的责任心。

她勉励在校护生们务必锻炼好身体素质，否则将来无法承受高强度的工作。当然，由于不固定的工作时间和繁重的工作强度，家人的支持也是必不可少的。除了这些因素以外，护士自身扎实的理论基础非常重要，只有掌握扎实的理论，才能真正将护理操作熟记于心，才能高效地配合医生的治疗。

张红梅：干一行，爱一行

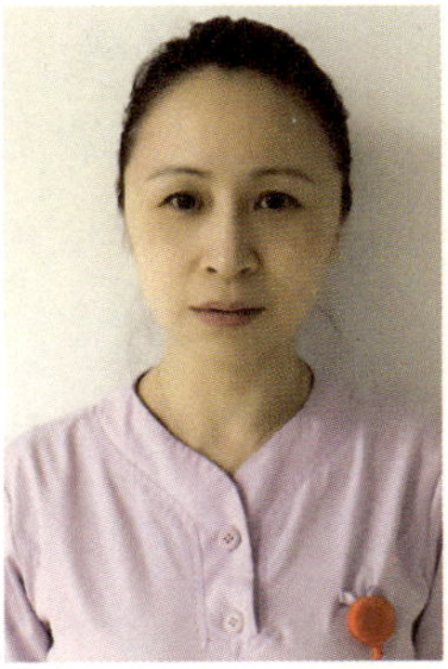

人物名片：

张红梅，副主任护师，杭州市儿童医院新生儿科护士长，有着20多年丰富的工作经验。曾在《护理与康复》《护士进修杂志》发表论文2篇。

人生格言：

要成功不需要什么特别的才能，只要你把能做的小事做好就行了。

责任心，一切行动的基石

张红梅老师所在的科室是新生儿科，一个非常特殊的科室。要做好这个科室的工作，张老师认为，除了专业知识以外，责任心是一切行动的基石。

新生儿科，是新生命诞生的摇篮。说到照顾小生命，张老师露出了无比甜美的笑容，她说，孩子们都很可爱，他们对新世界充满好奇。她相信每个护士都和她一样，恨不能用温暖的双手日日夜夜捧着他们，呵护他们，像母亲一样温柔地盼着他们一点点长大。尽管工作十分烦琐辛苦，但是张老师像喜爱小生命一样喜爱现在的工作，凭着内心无比的热爱，她没有想过要放弃护士工作，而是越坚持越觉得幸福。

在这样一个特殊的科室，小生命们既不会说话也不会喊疼，只能通过哭泣或是动作表达自己的情感。这里的病房都是无陪病房，也就是说家人不会随时伴其左右，而新生儿这个特殊的群体表达能力十分有限，他们身体上有什么不舒服是无法直接明确地告诉护士的。因此，照顾新生儿全靠护士们仔细地观察、细心地呵护、认真地发现。儿科护士与其他科室的护士相比，要更仔细更认真，不能忽略孩子们的任何表情、动作、声音……哪怕一点一滴。张老师认为，从事护士工作，最重要的就是要有十分的责任心。新生儿的护理是分得很细的，比如要求每三个小时换尿布、喂奶，每天要洗澡，进行口腔护理等，生活照顾和治疗都穿插在里面，所以要带着责任心，才能主动把这些事情做好。同样是照顾孩子，有无责任心所产生的照顾的质量和结果是截然不同的。

责任心的另一种表现形式是慎独。张老师说，慎独就是在独自活动、无人监督的情况下，凭着高度自觉，按照一定的道德规范行动，而不做任何有违道德信念、做人原则之事。虽然护理操作都一样，但是没人监督的时候，一个人还能不能按照规定严格地执行操作呢？如果没人监督就放松对自我的要求，那就不是一个合格的护士。经验是可以慢慢积累的，但严谨的态度和慎独的品质却不是人人都能具备的，具备慎独精神是成为一名好护士不变的法则。

无论何时，沟通不可少

我们常常看到一些报道，护士因给小朋友输液时几次穿刺不成功而被家长打骂，或者护士不能满足患者的一些要求时与病患发生冲突，等等。针对这些现象，张老师认为，沟通是最好的解决方法。只有沟通，才能相互理解，理解了才能谅解，才会和谐。无论是我们的工作还是生活，处处离不开沟通，沟通就像一座心与心之间交流的桥梁，只有脚踏实地地跨越它，才能品味到另一方的优美景象。张老师觉得，沟通其实并不难，也许只是多说了几句话。她总是跟护士们说，在操作过程中，不要只是低着头一味地完成自己的任务，可以与患者聊聊天、唠唠嗑，并且做一位好的听众。“一般人认为的沟通可能只是能言善辩或善于察言观色，其实不然，真正的善于沟通者往往是最懂得倾听。”张老师坦言，“每个人都是有表现欲的，你若两眼注视对方，并且不时地颔首微笑，偶尔插话附和，效果比各抒己见要好得多，但是沟通也很难，不同的对象有不同的文化背景，他们所关心的问题是不同的，比如对老人你要说些什么，对农民、对艺术家、对孩子等你又该谈些什么。这就要求护士在学习专业知识之余，进一步提高自身的涵养，拓宽自己的知识面，这样一来，聊天时也可以有更多的话题。总之，善于倾听，善于沟通，很多问题都能无形之中得到解决了。”

选择它，请热爱它

张老师对在校护生也给予了殷切的期望。她说，在大学期间，学习必要的理论基础固然重要，但也要增强动手能力，特别是在学习上要发挥主观能动性，养成“主动”的习惯。当你工作以后，如果想在单位中获得成长的机会，就得学会主动做事，要主动地思考哪些工作是要完成的，特别是那些自己分内的工作，不必等领导交代，要自动自发地去完成。同时新护士们要规范自己的操作流程和动作，并且形成自己的操作习惯。

选择一份职业，就要热爱一份职业。张老师是这么想的，也是这么做的。她说，船锚不怕埋没自己，当人们看不见它的时候，正是它在为人类服务的时候。护士的工作也是这样，也许不会做出丰功伟绩，但是谁能拍着胸脯说，他这辈子都不需要护士呢？我们的社会因为有许许多多像护士一样，长年累月、默默无闻的工作者，她们身上无数个光彩照人的“闪光点”汇聚成一股无比巨大的前进动力，才铸成了今天一个成功、不断发展的和谐社会。张老师勉励在校护生们，护士这个身份是被赋予了社会责任的，因此作为护士，要心怀赤子之心，带着热情，带着专业度，带着责任心，去呵护、去帮助、去照顾每一个受伤的个体。选择你所喜欢的，喜欢你所选择的。既然选择了这份工作，就请热爱它！

陆骏：温暖的力量

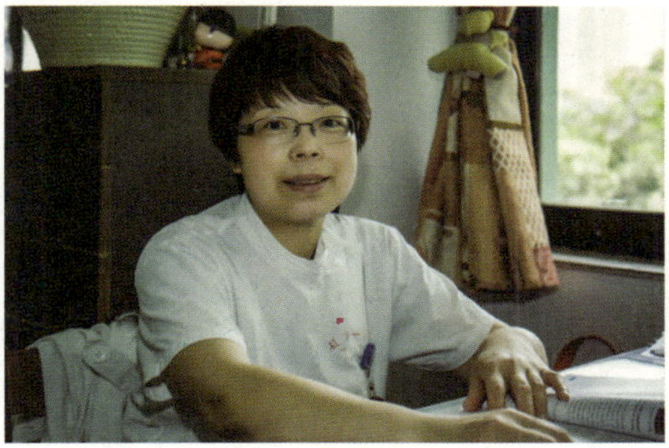

人物名片：

陆骏，主任护师，杭州市第一人民医院护理部副主任，从事护理行业30余年，担任过病房护士、心内科护士长。曾以第一作者身份在《中华护理杂志》《医院管理论坛》等杂志上发表论文10多篇，并参与和主持过多个省、市级科研项目，其中《应用医院应激量表指导护理措施的研究》课题，获2001年浙江省医药卫生科技创新三等奖和杭州市医药卫生科技创新三等奖。

人生格言：

宁静致远。

陆骏老师1984年走上护理岗位工作，在医院这个“小社会”，她看过无数次的生离死别和说不尽的世态炎凉，但她那颗救死扶伤的心不曾变过，始终为每一个病患所牵动。这30多年不变的信念，成了一种伟大的力量，温暖着广大病患和她身边的同事。

“我记得她”

与其他普通科室相比，心内科可以说是一个特别“残酷”的地方：前一秒钟还在和医护人员聊天、招手的患者，下一秒可能就突然倒地不起，离开人世。每当不幸发生，陆老师也常感慨生命的脆弱，但沉重的哀伤更让她深感作为护理人员的责任和使命。“我只能为患者的生命拼尽全力，无论在他们生命的哪个阶段，我都希望给他们带去温暖的力量，不让自己留下遗憾。”所以，尽管时刻承受着生与死的沉重考验，但陆老师的眼里总是透着坚毅。抢救危重患者时，她总是冲在最前，努力到最后一秒；陪护病人时，她总是无微不至，尽力满足病人和家属的需求；即便是在病人生命的最后旅程，她也没有丝毫懈怠，她说她要在患者最后的时间为他们做最好的护理。

正是这样的真情付出，温暖了无数病人和家属。心内科的病人进进出出很多，有些病人出院后很多年也不大会再住院，但他们偶尔碰到陆骏老师都会亲切地问候，感念住院时陆老师的照护。记得有一位曾经入院三次的病人，在发生脑梗死后神志不是特别清楚，连自己的家人都分不清楚，但见到陆老师时，她立刻说：“我记得她，她是照顾我的陆护士。”其实这样的例子很多，每年“5·12”护士节都有病人打电话来道谢：“真的感谢你之前对我的照顾啊。”“这是我在护士节收到的最好的礼物，”说到这儿，陆老师眼里不禁泛起了泪花，“感谢大家记得我。”

“我们信任她”

在工作中，陆老师常常说：“医生与护士，护士与病人，医生与病人的关系其实就是简单地被信任捆绑着。”而她正是同事心目中这样一位值得信任的好伙伴、好老师。

这一份信任来自她的换位思考，她总是能站在患者的角度为他们多考虑一点，遇到投诉或者其他紧急情况，总是能直接抓住患者最关心的问题第一时间解决；这一份信任来自她的主动承担，她总是能帮助医生处理一些他们忽略的问题，及时针对有疑问的医嘱提出建议，协助好医生的工作；这一份信任来自她的无私带教，她常常主动分享自己在实践中积累的宝贵经验，还不厌其烦地一对一带教，充分挖掘和发挥团体成员的才能，帮助大家共同成长。

也正是这份信任，让陆老师在工作中承担起了更多的角色：在处理紧急问题时，她是“救火队员”；在遇到疑难病例时，她是“先头部队”；在培养新进护士时，她是“最牛导师”……对于这些附加角色，陆老师又是温暖地一笑：“感谢大家信任我。”

“我很幸福”

有人说护士是最累最受气的职业之一，近年来频频发生的医闹事件更让不少医护人员寒了心。但回顾30多年来的护理工作，陆老师却说她是幸福的。

“我很幸福，因为始终能在钟爱的岗位上工作。”当初义无反顾地选择了护理行业，经历苦，经历累，经历挫折，经历无助，但时至今日，陆老师也不曾后悔，更在繁重的工作中保持着积极的心态。比如说值夜班，这可以说是每名护士心中艰难的一道坎，黑夜里要独自一人照看病区50多个病人，压力可想而知。但是陆老师却能够处理完好，平衡工作与生活，极少出现严重疲劳感和压力感。当她值夜班时，总是能够在病房里看到她的身影，忙碌却快乐。

“我很幸福，因为家人的理解和支持。”从事护理工作使她的空闲时间很

少，几乎没有时间可以与家人出去走走，或者陪伴孩子来一段长远的旅行，这也是她内心最大的愧疚，但是她说最幸福的事也是选择了这个职业，家人的理解与支持是她在护理生涯中最坚强的后盾。

陆老师身上有一种温暖的力量。在访谈过程中，她一直在"感谢"，感谢病人的惦念，感谢同事的信任，感谢家人的理解。常怀感恩，温暖他人，其实正是她这颗感恩的心、这份温暖的力量，最值得我们感谢！

陈小伟:病人如友,乐观同行

人物名片:

陈小伟,副主任护师,现任杭州市西溪医院(原杭州市第六人民医院)感染片科护士长兼内四科护士长。

人生格言:

踏踏实实,平平淡淡才是真。

踏踏实实地坚持自己的选择

采访组见到陈小伟老师时,她正在病房里忙碌着,工作有条不紊地进行,笑容也始终挂在脸上。不必深交,光凭第一印象,你也会被陈老师的热情所感染,陈老师的眼神里始终透着真诚与包容,这或许是一个优秀护理人良好的职业品质的直观显现。

在20世纪八九十年代,护士是一份非常体面的工作,社会地位高,收入稳定,能当护士的人都是学校里的佼佼者,而且当护士是女生工作的首选。陈小伟老师回忆说，当时她成绩很好，所以填报了护理专业，后来也毫无悬念地就考上了，那时候对护士的了解还比较表面和粗浅，可以说是懵懵懂懂。参加工作以后，她也没有太多别的想法，每天沉浸在烦琐、忙碌的工作中。很多时候，一份工作并不是先喜欢再去做，而是做着做着才喜欢上的。陈老师坦言，身边也曾有不少同事因为工作太忙太累选择了转行，但她还是踏踏实实地工作着，每天过得很充实。陈老师就这样“波澜不惊”地工作了30多年，没有什么崇高的理由，就是坚持自己当初的选择。她说，这可能是她们那个年代的人的特质，现在的人对待工作的理念不一样了，自己喜欢的当然愿意做，要是觉得自己不喜欢了，可能马上会去找另外的工作。但她们那个年代的人，一旦选择了一份职业，一般会一直死心塌地地做下去。

回想自己多年来的工作，陈老师始终不对我们谈及自己获得的荣誉，她说，踏踏实实、平平淡淡才是真，她珍惜、热爱自己的工作，只要工作需要她，她甚至会舍身忘己地去工作。比如2003年抗击“非典”，她义无反顾地进入第一线，抢救危重病人，同时做好病人的心理疏导，病人康复出院后，她也颇感欣慰；2004年禽流感爆发，她又奋战到第一线，投入抢救病人的行列中去。她始终奉行着奉献自我的精神，服务病患，以守卫病患的健康为己任，不计较个人得失，踏踏实实地坚守自己的选择，充分展现了优秀护理人崇高的职业精神。

待病人如朋友

陈老师负责的病区主要住的是慢性肝病的病人，这些病人住院时间少则几个月，多则十来年。长时间的相处，医护人员和病人彼此之间就像亲密的老朋友，他们像照顾亲人一样精心呵护病人，病人也把他们当亲人。有时候这些“老朋友”还十分仗义，有几次陈老师被别的病人弄得生气了、难过了，这些“老朋友”都会义愤填膺地帮她说话，还说要找“欺负”她的人谈谈呢！这时，原本生气的陈老师也被他们逗笑了，不愉快的心情瞬间消失得无影无踪。陈老师开心地说道，在这样的氛围下工作，常常觉得不是在工作，而是在跟一群需要照顾的老朋友聚会呢，整个病区病患和医护人员之间仿佛也不是彼此隔离的关系，而是像一个大家庭一样。

当然，这个"大家庭"有时候也有些小摩擦。陈老师说，有一个住院很久的病人，特别喜欢喝酒，我们都知道，慢性肝炎是不能喝酒的，喝酒会不利于他的治疗。当陈老师知道他偷偷地在医院里藏了酒的时候，十分揪心，于是马上趁病人不在的时候把他的酒都藏了起来，有一天这个病人不知道在哪里又喝多了，回来发现他的酒不在了，就对陈老师破口大骂。陈老师当时被骂得眼泪汪汪的，她感到十分委屈，毕竟这么做也是为他好呀！这位"老朋友"怎么对她这么凶呢？但是后来陈老师也将心比心地想，他是因为喝醉酒才会这样，何况他生着病呢，既然彼此是朋友，就应该相互体谅。陈老师说，像这样令人委屈、令人难过的事情，在他们病区，大家或多或少都碰到过，这时候心胸宽广些，像体谅朋友一样去体谅病人，那么工作的心情自然就会顺畅了。

保持乐观，快乐自来

在同事的眼中，陈老师笑声爽朗，好像从没什么烦恼似的。她说，做一名护士要有点乐观主义精神，凡事往好处想，心情也会豁然开朗。从事护士这个职业，或多或少会遇到不如意的事情，有来自病人和病人家属的，也有来自自己工作单位的，陈老师的建议是，不要把在单位里不开心的事情带回家，也不要把家里的烦恼带到工作中，凡事看开，要相信一切都会过去的。就拿一件小事来说吧，2012 年市六医院搬到现在这个地方的时候，交通、生活配套都不是很方便，当时很多人都不适应，陈老师也或多或少受点影响，但她转念一想，这里空气多么纯净，远离城市喧嚣的新医院又干净又清净，真的有很多优点呢。这么一想，她心里的失落感一扫而空。生活就是由这么多小事情组成的，工作中令人烦恼的往往也是一些小事，小事想开，保持乐观的心态，自然能平心静气地投入工作了。

胆大心细，积极主动

在访谈中，我们了解到，陈小伟老师三十出头就当上了护士长，现在已经做了十几年护士长了。她谦虚地说："我没有什么特别的技能，对待工作就是八个字：胆大心细，积极主动。"她回忆说，当时她除了做好本职工作，自己工作范畴以外的工作也会搭把手去帮帮忙，尽管她不是能说会道的人，但靠着一股埋头苦干的韧劲，赢得了同事和病人的认可，当然，作为一个护士，胆大心细也是必不可少的。陈老师希望在校护生们，一定要养成积极主动的习惯，不是老师叫你去做什么你才去做什么，而是什么需要你去做或者需要你帮助的就主动去做，有不懂的问题可以主动去问老师，并且会把理论知识应用到临床，那说明你真正学会了。积极主动是非常好的职业习惯，在校期间就可以慢慢培养自己这方面的意识。胆大心细是要基于专业技能的，俗话说，艺高人胆大，扎实的专业功底会给人底气，所以她勉励同学们不耻下问，善于钻研，主动学习，并在长期的实践过程中形成良好的工作习惯。

陈莉萍：坚持初心，方得始终

人物名片：

陈莉萍，主管护师，杭州师范大学附属医院消化内科副护士长，曾获 2013 年杭州市卫生系统“百佳千优”健康卫士荣誉称号。

人生格言：

人生充满意外，珍惜现在的每一天。

医务工作者是一群与上帝订约的人，他们代上帝给予每个生命无条件的悲悯和呵护。正如法国胸科医学之父雷涅克所说：“当我们决心要成为医生的那一刻，我们的身上已经挂上了一条看不见的锁链，让我们背负一生。”杭师大附属医院的陈莉萍护士长以她对护理的热爱，始终坚持初心，履行着对生命的承诺。

从迷惘到喜欢

在进入护士这一行业之前，她也曾像大多数人一样，认为护士就是打打针，发发药，每天都是在忙忙碌碌中度过，好像护士这一工作仅此而已。当她真正接触到了这个行业，才发现护士这个职业远远超乎自己的想象。在病房里，护士是患者最“亲密”接触的对象，患者的要求总是多种多样，又很琐碎，陈老师笑着说，她们有时像保姆，病房里电视机不能用了找护士，有蚊子要蚊香也来找护士，开水没了也要找护士……“白衣天使”的称呼很高尚，但在实际工作中，事无巨细都要处理妥当。在医院这样的环境里，护士就是病人依赖的对象。说实话，有些时候她也会觉得很累，但她渐渐觉得，能够为病人解决一些生活中的事也挺开心的，有时候病人就像小孩子，在最无助的时候你对他们伸出援手，他们也会以最纯真的心回报你。从初入这个行业的美好想象到现实的工作环境，从大学毕业时很多技能知识的不熟练到现在的驾轻就熟，八年的工作，有苦有累有迷惘，但她始终没有想过要放弃。如今，她越来越喜欢自己的职业，体会到这份职业带给她的快乐，用一句话说，就是“累并快乐着”。

人生第一场抢救

陈老师刚进医院工作不久，就碰到一位患先天性肝豆状核变性的病人，是个年轻的小伙子。这个病人经常会大出血，但当病情稍微好转时他就会到护士台和护士们聊聊天，时间长了，他和护士们相处得就像朋友一样，有些时候护士们看他无聊，会安排一些小小的“工作”给他，他也非常乐意。有一次，陈老师一个人值夜班，碰巧那一次，这位病人又一次大出血，楼下的护工拿了把轮椅把病人推过来时，病人还在不停地吐血。他看到陈老师之后，头一抬，幽默地说了句：“美女，我又来了。”真是一位乐观的病人！从晚上 8 点钟开始，陈老师一整夜都忙着给他输液、输血，跑前跑后，配合医生一起对他进行各种针对性的抢救。当时病人躺的那张床上全是血，人的意识也变得模糊不清。经过抢救，病人慢慢恢复过来，之后他又会和护士们聊天，护士们都为他感到高兴。可是，造化弄人，小伙子最终还是没有逃过死亡的魔爪，几个月后离开了人世。这是陈老师刚开始工作时碰到的第一个大抢救，印象格外深刻。这件事让她觉得，人生也许就是这样，一场意外，一个生命就结束了。生命来了又去，作为医护人员要始终以一颗平常心去对待，但绝不轻易放弃拯救生命的希望。有的病人病情已经比较重危了，很可能已经抢救不过来了，可是他们都没有放弃希望，作为医护人员更不能放弃最后一线希望。

当了护士以后，陈老师对于生命有了自己的理解和体会，这也是她从事护理这个行业的收获。理解生命，就会更加珍爱家人和朋友，推己及人，对待患者也多了一份宽容和理解。她笑着说，平常她也会和家人吵架，可是事后就会觉得非常没有必要。对待患者也是如此，凡事以平常心对待，理解和宽容他人，有些小摩擦就不会发生了。作为一名医护人员，面对的患者很多，见到的生离死别也很多，人人都是和上帝签了约的，来了也会走。护士这个职业让她懂得了很多，也学会了很多。

律人必先律己

担任副护士长后，陈老师对管理工作有自己的风格和方式。想要做好一份律人的工作，首先就要律己，先管好自己才有资格去管别人。身为责任护士，要让病房里的工作有条不紊，就需要以严谨、仔细的态度去对待。陈老师说："我们每天的工作仿佛都是程式化的，早上穿好衣服上班，简单地查看一下分组的病人的情况，然后晨间护理，和病人家属交流，询问一下夜间的情况，查看病人的生命体征。8 点钟进行大交班后，准备一天的输液、治疗，观察病情变化，与病人沟通宣教，最后书写病情交班。外科的话还要记录手术。"日复一日、年复一年的重复性工作，看似简单，但她对自己的要求反而更高。熟悉她的同事说："无论是学习还是工作，陈老师对自己要求都是非常高的。她总是默默地努力，认真地学习，让自己变得更好，这一点非常值得我们学习，也正因为她对自己的要求高，所以我们在日常工作中也丝毫不敢马虎。”她还勉励在校护生们，一定要努力学习，同时要把握好临床实习的这一年，以积极的心态，虚心求教，扎实学习，为今后工作打下基础。

微笑是和病人相处的润滑剂

在平时的治疗中，会有很多患者面对自己日久不好的病情而感到压抑，会发脾气，甚至还会把气撒到护士身上，这就要求护士要学会如何与病人相处，学会疏导病人的情绪。陈老师在这方面也有自己的心得，她认为面对病人，一定要面带微笑。微笑里面包含着无声的言语，可以使病人感到一丝欣慰，给他们精神上的动力。多多关心病人，也许你一个例行公事的问候，对于他们而言，却是关怀和希望。当遇到难以应付的病人时，沉默也是必需的，这样才不会使患者的情绪更激动。她说，工作这么多年，很多患者对护士还是非常感激的，患者的感激和支持，就是她们工作无限的动力。“人生充满意外，珍惜现在的每一天”，陈莉萍老师始终像面带微笑的天使，温暖着每一个生命。

陈悦霞：于细节处见真情

人物名片：

陈悦霞，副主任护师，杭州市中医院老年病科护士长，浙江省护理学会老年学组委员会委员，杭州市护理学会内科分会副主任委员。曾多次被评为院级先进工作者，获浙江省自然科学优秀论文三等奖，两次获杭州市自然科学优秀论文三等奖。承担多项省中管局、市卫计委、市科技局课题。开设“肾病营养咨询”门诊，成为省、市医院领先的护理专科门诊室。

人生格言：

笑一笑，世界更美妙。

陈悦霞老师从1989年到杭州市中医院工作，一直坚持战斗在临床一线，具有丰富的临床实践经验及带教指导科研能力。27年来，她从一名稚嫩的小护士成长为护理专家，为护理事业奉献了自己的青春与热血。她带领她的护理团队很好地完成各项护理工作，推广并推进多项中医护理适宜技术的开展，得到众多老年病患的好评；她多次带领团队骨干下社区对睡眠障碍、认知障碍等知识进行健康宣教并开展相关中医护理适宜技术的体验活动，为提高大众对健康知识及中医文化的认知做出了贡献。

用心于细节

在一个单位工作近30年，陈老师早已把医院当成自己的家，她真诚地为病人服务，换位思考，将心比心，赢得病人的尊重。她始终认为，从事这份工作，责任心是第一要素，以高度的责任心对待工作，用心于细节，多与病人沟通交流，才能得到病人的认可，同时也会让自己获得更多工作上的快乐感受。

以前病房里有一位80多岁的老爷爷，是一位离休干部，文化程度也较高，没有痴呆，认知功能也正常，患有糖尿病。有次老爷爷临时有事要出院，坚持胰岛素要带回家里去打，责任护士就教爷爷如何注射胰岛素，爷爷连连点头表示明白。当时陈老师刚好在边上，她不太放心，就打算"考考"这个老爷爷，结果老爷爷一点没学会。最后，陈老师和另外一个护士长一直教了一个半小时。老爷爷对耐心的陈老师很是感激。

还有一次，病房里一个糖尿病患者因疾病禁食了，晚上巡视时，陈老师发现这位患者神情看上去有些淡漠，感觉和平时有点不一样。她判断有可能会发生低血糖，就立即给患者测量血糖，发现果然血糖很低，于是迅速给患者输了葡萄糖。试想如果当晚她没有想到去测血糖，那么这个病人很可能会因为低血糖而去世。细心的陈老师以敏锐的观察力无形中救助了这位病人。

像这样的小事情，在陈老师的工作生涯中是有很多很多的，虽然不是每次都有病人的感谢，但陈老师觉得这是一个良心活，不求回报，她体谅病人的难处。她回忆说，以前有个女病人要做透析，医疗费用很昂贵，她也没医保，她的儿子就去打两份工，白天上班，晚上做出租车司机，当时病人的儿子跟陈老师差不多年纪，多年过去了，陈老师依旧很感慨。她总是跟科室里的护士们说，病人也是很不容易的，得了病，心情本就不好，再加上看病难，如果再碰到一个态度不好、效率不高的护士，病人的情绪会更糟的。所以，凡事先站在病人的角度考虑，多一些理解和宽容，大家也都会开心点。

专业源于热爱

“病人能够信任护士，是因为他们认为，护士做出来的事和说出来的话是专业的。”陈老师说，“以后护士这个职业会变得更专业，培养出更多的专科护士，体现更多的专业护理价值。”对于如何成为一名优秀的护士，陈老师有自己的心得。

她说：“首先一定要热爱这份职业，不热爱这份工作的话就会坚持不下去。特别是在工作中受了委屈的时候。”陈老师举了一个例子。在肾内科有个病人，患有精神障碍，护士给他测血糖的时候，仪器会发出声音，病人一听到这个声音，突然坐起来就给了护士一巴掌，护士的脸被打得通红，而病人自己全然不知。当时护士还特别有耐心地安抚他。后来医生给他打了安定针后才慢慢地睡着。没想到后半夜的时候，他又踢了护士一脚，甚至还会一口痰吐到护士身上。陈老师很是心疼那些护士，她说护士们真的很不容易，如果不是热爱这份职业，谁愿意去受这样的委屈呢？其次，陈老师觉得要有爱心，也要细心。爱心就是多为别人着想，不要只站在自己的角度考虑问题。细心是一个很重要的品质，细心观察，细心工作，这样就能及时发现很多问题，避免不安全的事故发生。但细心的前提是要有很好的理论基础，技艺不精就很难有好的观察力和判断力，也就没法去主动发现问题、干预问题。她说：“护士如果仅仅是机械被动地执行医嘱，病人对你的认可度就会很差，你自己也没有成就感。护士在执行医嘱前也需要检查医嘱，及时发现医嘱中的错误，减少不必要的风险。”最重要的一点，陈老师觉得要慎独，做人做事不要有愧于自己的良心和“白衣天使”的称号。

十个手指头都有长短，护士的能力肯定也有高低。她说，要在临床中自己摸索，把临床经验与书本知识结合起来。特别是在校学生，要深入临床，根据病人病情去翻书，这样临床的病例和书本知识结合起来就会记忆深刻。

笑一笑，更美好

陈老师一头扎进工作中，难免对家人疏于照顾，赶上上夜班或者工作特别忙的时候，家人还得迁就她的工作，鼎力支持她。忙碌和辛苦也许是护士们工作的常态，谁都会有烦恼和忧愁。对此，陈老师的口头禅是：笑一笑，世界会更美妙。她说："我们这个工作就应该微笑，无奈的笑也好，开心的笑也好，有时候受了委屈笑一笑事情也就过去了，不要把任何事情都压在心里，负担会很重的。工作中会碰到形形色色的人，不要过多地纠结一件事，放一放，没什么大不了的事情，都会过去的，有得必有失。"爱笑的人运气都不会太差，你们说呢？

陈群燕：精益求精是永恒的追求

人物名片：

陈群燕，副主任护师，曾任杭州市第三人民医院手术室护士长助理，现为树兰（杭州）医院消毒供应中心护士长。曾被评为2011年杭州市护理大比武个人第一名，团体第一名；2012年杭州市护理选拔赛临床专业第二名；2011年局级先进工作者；2013年杭州市“千优”健康卫士；2015年杭州市优秀护士。曾在二级期刊发表论文3篇。

人生格言：

认真工作，快乐生活。

认真工作，快乐生活

陈群燕老师1994年参加工作，先后在骨科、神经科当过护士，现为手术室护士长助理，主要工作是在手术室里协助医生治疗和护理病人。手术室有着与其他科室不同的工作特点，这里的工作环境和工作性质造就了她专业、细心和务实的品质。在日常的操作过程中，她会仔细观察每一位病人的反应，严格按时记录他们的感受和生命体征状况。同时，她十分重视病患的心理护理，她会时不时地停下脚步，耐心倾听患者的主诉以减少他们的焦虑；有时还会到病人床旁问候病人，与他们交流沟通，给予必要的安慰，以拉近与他们的距离。她认为，一名护士的本职工作就是认真负责地对待病人，恪尽职守，兢兢业业，以自己温暖之手抚慰他人受伤的身躯与心灵。

无论是在工作还是生活中，陈老师都努力保持积极乐观的心态。每天晚上跑个6公里是她多年来的习惯，用她的话说，跑步既减压又锻炼身体，心情舒畅了，也就能把自己积极的一面带给病人。陈老师说自己有一个强大的“后援团”，这个“后援团”就是她背后的家庭，家人的无条件支持使她在工作时没有后顾之忧，在她工作烦恼之时更成为她强有力的精神支柱。

学无止境，精益求精

陈老师曾在国外进修3个月，在进修的那段日子里，她的视野开阔了，学到了很多国外的技术与理念，也更深刻地体会到了护士职责的重要性。有感于国外良好的护患关系，陈老师说，在这样的大环境下，护士更能对病人尽责，尽自己所能仔细认真地评估患者的病情及潜在病情，不会放过任何一个细节；她们会耐心地跟病人介绍各种事宜，全力治疗每一个患者，把患者的健康看成自己的目标；同时，她们也会认真地倾听患者的焦虑，开导病人，有时还亲自带着病人去外面看看美丽的风景，以调节病人的情绪。护士和病人不再仅仅是职责上的关系，双方已经成为彼此的家人和朋友。这次进修让陈老师意识到，国内的护理工作任重道远，还有很多需要深入学习和改进的地方，当然，也需要体制机制等大环境的改变和医疗事业的进步。但是，陈老师认为，南丁格尔的精神在全世界都是一样的，每个护理工作者应该以更专业的精神对待病人，关怀关爱病人。“取经”回来的陈老师，以身作则，起好带头作用，将学习所得传递给更多周围的护士。

陈老师坦言："在手术室待了这么多年，我觉得还是要不断地学习，平时加以练习，一步步完善自己。"一场手术，手术室里面有医生、护士竭尽全力的抢救，手术室外有亲人朋友心急如焚的等待，手术室灯亮着，大家的心都悬着。在这样的高压、不允许出错的时刻，任何不足和缺点都会暴露无遗，所以我们要发现自己需要改进的地方，并不断练习以弥补不足、完善自我。

我们去访谈的时候，陈老师刚刚结束一场手术，不知道这是她那天的第几场手术，陈老师的脸上满是疲惫，但她的微笑里又透着欣慰，因为手术很成功。陈老师说，护士这一行，技术不是唯一衡量标准，但技术是基本条件，对各种操作要做到"熟练"，就必须苦练基本功，对每一项操作进行"N＋1"次的重复，达到熟能生巧的境界。这样做，一方面能提高护士的工作技能，获得患者的认可和信任，建立良好的护患关系；另一方面，也能减少因护士操作水平低下给患者带来的危害，比如穿刺失败的话，会给患者带来二次穿刺的疼痛和心理压力，导尿时没有严格遵循无菌操作原则，也会导致相关感染和额外医疗费用的产生等。有些技术好的护士，即使静脉条件很差也能完美地完成操作，这就是手艺。护理就是这样一门靠技术吃饭的"手艺活"，但同时也考验良心。工作这么多年来，陈老师对精进技术从不懈怠，她相信学无止境，只有技术精湛，才有资格做一个兢兢业业的提灯女神。

在每天繁复的工作中，操作失误是尽可能要避免的，但如果

发生操作失误，那又该如何去降低危害呢？我们问道。陈老师说，一旦发现操作失误时，千万不能藏着掩着，要立即通知医生与领导，在最短时间内采取有效措施以避免发生更严重的事故。护士在操作中一定要严格遵循“三查七对”原则，在遇到模棱两可的问题的时候，比如对医嘱存有疑问，一定要问清楚再去操作。做一个合格的护士，严谨与诚实都必不可少。

陈老师说，作为一名护士，还要有处变不惊的能力和良好的心态。护士面对的是形形色色的人，他们是有情绪波动的人，是躯体出现了不适和疼痛的人，所以护士们要有遇事不慌的平和心态，沉着冷静地应对出现的各种问题，耐心地对待病人。强大的责任心和认真努力的工作态度，再加上扎实的临床实践操作技术，陈老师相信，每个护士都能在自己的岗位上实现自我价值。

国秀娣：明德笃学，践履惟新

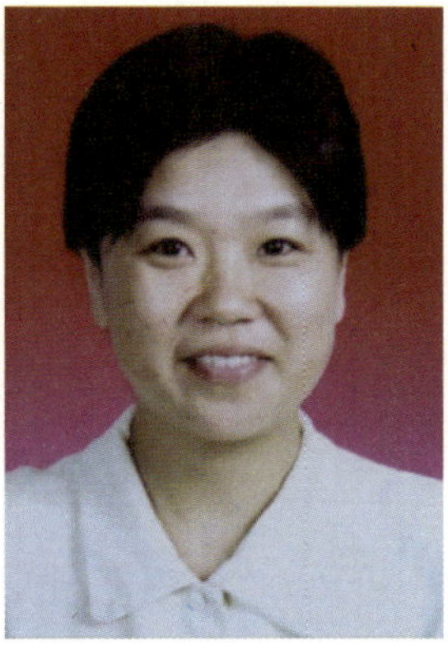

人物名片：

国秀娣，主任护师，1974年8月起在杭州市第一人民医院从事护理工作，曾先后任外科干部病区护士长、护理部副主任、护理部主任等职务，兼任杭州市护理学会理事长、浙江省护理学会副理事长等社会团体职务多年；曾荣获“全国模范护士”“浙江省先进护士”称号。从业40余载，国老师始终坚守护理精神，辛勤耕耘在一线；为病人带去专业优质服务的同时，还潜心钻研学术，先后发表20多篇论文，为学科发展贡献了力量。

人生格言：

认真做事，诚恳待人。

主动思考的有心人

回顾40多年的护理生涯，国秀娣老师认为一名优秀的护士很关键的一点就是要在工作中做主动思考的有心人。护理工作是一项实践性很强的工作，遇到的病患情况各有异同，需要丰富的经验和灵活的方法来应对；同时护理工作又可以说是一项辅助性工作，需要处理好与医生的“主配角”关系，切实发挥助力作用，更需要不断提高主动服务的意识和能力。这就需要护理人员真正树立起“以病人为中心”的思想，在实践中学会主动思考，以更积极的态度做好护理工作。

谈及这一点，国老师说有一个病例她至今印象深刻。曾有一个腹痛病人前来就诊，当时医生简单检查后诊断为“腹痛并伴有胀气”，便写了腹痛待查；但一旁一名经验丰富的老护士觉得病人情况有异，便主动上前再次按压检查了他的腹部，这才发现病人是因疝气而引发的腹痛，并立即将这一情况报告医生，避免了一场悲剧的发生。因此，作为一名护理人员，在实践中不能只做医生的“传声筒”，只会遵从医嘱，应该要有自己的观察、思考和判断，为医生提供有效的病患信息，发挥辅助提醒的作用。

严谨细致的自律人

护理工作在整个医疗过程中，虽普通平凡，但也极其重要。“病人把生命和健康交托于我们，这份责任岂能容得一丝马虎和差错！”说到这儿，国老师神色也多了一分严肃。她强调，一名优秀的护理人员必须要对自己有较高的要求，做严谨细致的自律人。

首先要端正态度。护理工作琐碎辛劳，但责任重大。国老师说，无论再忙再累，也不能忘了南丁格尔誓言，不能背离了“以病人为中心”的思想。在国老师 40 多年的护理工作生涯中，她始终保持着对生命的敬畏之心，对护理工作的坚定信仰，无论哪个病患何种病情，都能做到尽心尽责，精心护理。同时她还坚持主动学习，不仅自己学专业知识，还常利用"碎片"时间观察医生如何诊断病情、如何分析各类检查报告等，努力提高自己的业务水平，以精湛的技术保障优质护理工作。

其次要重视习惯。护理工作的每一个流程、每一个操作都有规范要求，如"三查七对"流程，吸氧、导尿等操作，这些规范都是在宝贵的实践经验中积累的，是用沉痛的生命代价换来的，绝不能不当回事。对此，国老师强调，关键要在平时养成一个良好的习惯。对于每一个规范要求，护理人员都要做到心中有数、动作到位，任何一个细节都不能简单放过、得过且过。

敢于创新的领头人

作为护理工作的资深前辈，国老师不仅在临床实践上积累了丰富经验，同时还勇于在学科发展的道路上积极探索，努力做出贡献。

多年来，国老师利用业余时间，积极学习各类专业知识和最新理论研究成果，并结合自身工作，在推行系统化整体护理、护士职业观念、护士职业寿命、临床专科护士学习方法等护理工作实践，以及病患权利、血液透析患者家庭等重难点问题研究领域发表了20余篇论文。其中《护士长调动护士积极性的可行性途径探讨》《全胃切除术后护理》被杭州市科技协会授予杭州市自然科学优秀论文三等奖荣誉。

在积极开展理论研究的同时，国老师还尝试将其带到实践工作中来。如她结合自身在香港、台湾等地交流学习的经验，深刻认识到本地医院存在男性护士稀缺的问题。在认真分析本单位对男护士的现实需求和预期效应的基础上，在杭州市各大医院中率先大胆招收了6名男护士，有力地推动了护士团队建设。

明德笃学，践履惟新。国秀娣老师在护理岗位数十载，始终坚守护理精神，始终保持求知之心，始终坚持严谨作风，始终敢于创新突破，她身上的优秀品格和丰富的实践经验无疑是一笔值得我们珍藏的宝贵财富。

周丹丹：学以致用，精于钻研

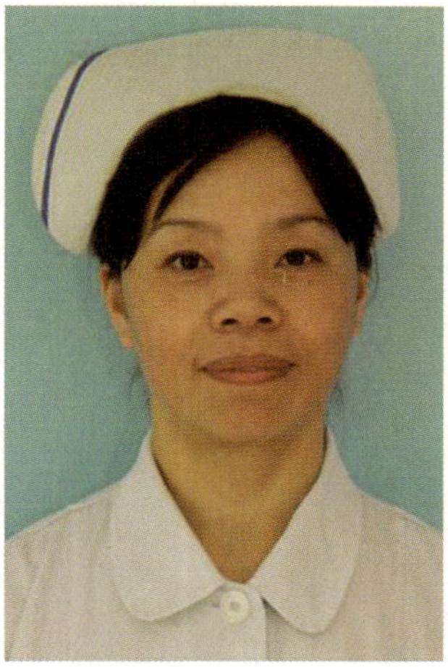

人物名片：

周丹丹，副主任护师，杭州市第三人民医院ICU护士长。主持完成多项市局级课题，《隐匿性深静脉导管相关性感染监测》获省、市科技进步三等奖，相关论文获自然科学优秀论文三等奖。曾在一级期刊上发表论文3篇，省级及二级期刊上发表论文10余篇，获得实用新型专利1项，创新的操作《吸痰管导引下床边徒手鼻肠管留置术》被杭州市文卫体系统评为先进操作法。

人生格言：

业精于勤，荒于嬉；行成于思，毁于随。

既然选择了，就去热爱

周丹丹老师在护理工作线上已奋斗了30余年，从卫校毕业后到市三医院工作，她先后在外科、内科、急诊室和ICU病房工作，她的想法很简单——“既然选择了，就去热爱”。工作中，她总是面带微笑，语气柔和，她说，护理这份工作，日日重复的操作很多，各个步骤的要求很严格也很烦琐，容易产生倦怠，再加上护理工作不像医生那样充满挑战和风险，相对也就缺少了救病人于危难时的自豪和成就感。但这并不表示护士从事的就是表面上粗浅的工作，其实里面的学问很深。为此，她总是不断地思考、学习并学以致用，越学越觉得有趣，越学得深入越发现自己还有很多不足。她说，学习不仅会让你有成就感，也能从中发现学习的乐趣，从而更加投入地进行学习，学无止境。长此以往，随着时间的推移，知识也就积累得越多。

做别人做不到的

在以前，中心静脉穿刺置管都是由护士进行操作的，这是极考验护士的理论知识和技术的操作。当时医院派出了一批护士去其他医院进修，专门学习这门技术，周老师也是这批进修护士之一。培训的时间很短，只有一周时间，几乎要求速成，而且学完了就要立即上手操作，没有练习时间。回院后，周老师在急诊科曾参与了多位车祸大出血病人的抢救。有时，大出血病人需要立即开放中心静脉进行快速输血，这种关键时刻总少不了她。让她印象最为深刻的是一个产妇半夜大出血，血流得地上到处都是，几乎浸湿了她的拖鞋。当时情况十分紧急，医生进行静脉切开术也无法建立静脉通路，病人的生命体征极其微弱，就在这般棘手的情况下，匆匆赶来的她顶住压力让医生用力按压心脏，使血管充盈，终于置管成功，为病人打开了求生的通道。尽管周老师对此的描述只有寥寥数句，却令我们有了身临其境的感受，为病人捏一把汗的同时，也感受到了那惊险的时刻周老师是如何沉着冷静地进行静脉穿刺操作的。说这件事的时候，周老师的语气很自信，她的自信来源于精湛的技术，她做到了别人所做不到的事。这也使我们感受到，学好技术对于挽救生命的重要意义。

对人生目标要有规划

周老师始终认为，要想在工作上有所建树，设立目标，合理规划是必不可少的，护理工作亦是如此。她说，护士可以在工作中找到适合自己钻研的"点"并坚持研究下去，一个人的时间精力毕竟有限，不可能精通全部，更何况是探寻人体奥秘的医学呢。越是大型的医院，科室分得越细，这就为医护人员专精于某一类疾病的治疗，提高治疗和护理的质量提供了条件。对于如何挑选适合自己的钻研项目，她说，一要看自己对哪些方面感兴趣，兴趣是最好的老师。如果对某一方面感兴趣，潜意识里就会做得更认真，思想上也会更重视，同样情况下也会做得更好。同时，好的成绩又会激发人的上进心和兴趣，如此会形成一个良好的循环，这对护士的职业生涯是有百利而无一害的。而且通过努力，工作成绩、经验达到一定程度后，你的面前会有更大的平台让你继续前进，钻研得越深，平台就会越大，这是每一个护理工作者为之向往的。虽然目标要明确，但也不代表一成不变，有时也要根据生活和工作的轻重缓急，做出适当的调整。目标既然定下来，那必定是经过慎重考虑的，特别是一个长期目标，对护士个人来讲是极其重要的，如果随意变动或者含糊不清，于个人的发展、于工作都是不利的，哪怕目标近一些、小一些，既然决定了就不要去动摇。当然，每个人都是社会中的人，有时候工作和生活难免会有一些冲突，由于各种原因，目标可能无法达成。这时候要判断孰轻孰重，不能一味追求生活而忽视了工作，也不能一心扑在工作上而忽略了生活，对于生活和工作之间的平衡要把握好度，一旦平衡失调，对两边都没有好处。当然，如果碰到目标不能实现的情况，也不要灰心到一蹶不振，因为在追求目标的过程中，你所付出的努力已经使自身得到提升。

护士是病人的“代言人”

在周老师看来，护士不仅要护理病人，有时还是医生的工作伙伴，对医生的医嘱起到“监督”作用。医生开出医嘱后，如果护士不加思考，只是一味地听从医嘱，机械操作，那对自己是没有提升作用的。相反，护士如果凭借自己积累的经验，查对医嘱，排除可能存在的一些失误，这不仅是对医生工作的监督，对自己工作的负责，更是对病人治疗的一种保障。她说，护理工作不光是护理操作，还需要对病患进行人文关怀和护理评估，病人在平时表现出的一些特殊病症，是需要护士在日常护理工作中去发现和判断的。一个疾病的出现往往不是突然的，它或多或少会有一些先兆，但有些先兆十分隐秘，如果护士工作不仔细，很可能就会忽视掉，等到疾病暴发时，治疗时机就会延误，也会增加治疗的难度。有些病人因为突发疾病而生命垂危，如果护士的工作不细致，责任心不强，那么后果不堪设想，护士将会承担很大一部分责任，这也会成为其工作上的一个污点，对其自身来说也会是一种心理上的折磨。周老师说，一个善于思考、善于发现和善于评估的护士几乎可以成为病人的“代言人”，她们于细微处发现疾病先兆，为无法表达自己的患者传达心声，当病人无法和医护人员进行沟通时，护士所执行的护理程序在提高治疗质量的同时，也为病人的治疗增添一份保障。

周根娣:改变的是光阴,不变的是救死扶伤的心

人物名片:

周根娣,副主任护师,杭州市中医院急诊科护士长。浙江省护理学会门急诊专业委员会委员,杭州市门急诊副主任委员,杭州市科普专家。曾荣获浙江省"抗击'非典'先进工作者",多次被评为局级"先进工作者"、优秀团干部,院级"党员积极分子""感动市中十大员工"称号等。在《解放军护理杂志》《护理与康复》等杂志上发表论文数篇。

人生格言:

做一棵小草,奉献一片绿色;做一名护士,奉献一颗爱心。

25 年的专一与执着

周根娣老师 1991 年到杭州市中医院急诊科工作,没想到在同一个医院,同一个科室,一待就是 25 年。目前她主要负责抢救室、急诊病房、神经内科病房、EICU、输液室管理及院前院内急救协调工作。作为一名党员,她思想上坚决拥护中国共产党的领导,热爱护理专业,始终践行南丁格尔精神,树立全心

全意为患者服务的思想。工作中，她以身作则，勇挑重担，任劳任怨，勤奋好学，用脚印踏出了她的务实，以及组织、领导、协调和沟通能力；她还努力学习钻研急症护理的专科知识及专业技能，具备各类疑难危重病人的抢救能力，熟练掌握中心静脉穿刺术及呼吸机、PICCO 机等先进仪器的使用方法。

作为一名护士长，急诊科的工作环境磨炼了她遇事沉稳的性格及快速敏捷的思维能力，在她的带领下，急诊科护理队伍和谐奋进、团结互助，学习型氛围浓厚，无论是急诊抢救或突发事件的应对，还是在省级国家中管局三甲医院复评，都能做到训练有素，得到评审专家的一致好评。

有人说，简单的事情重复做就是专家。周老师 25 年的急诊科生涯，足以让她成为一个急诊护理的专家。当初学习护理的时候，周老师对标本、动物解剖还心存恐惧，从书本上学人体形态、生理病理，仅仅感觉那是知识而已，没有生命的温度。后来走上工作岗位，每天都在目睹有的患者倍受病痛而逝去，有的战胜病魔恢复健康，她深深地感受到，原来生命是那么脆弱，又那么顽强，生命不易，人活着就应该多感受美好，而医护工作者，可以帮助病患重新获得美好。她说，这是一份有温度的工作，如果未亲身涉足临床，永远也不曾知晓自己会如此热爱这份职业。

工作这么多年，曾有许多转行的机会摆在她面前，但她没有离开。5 年，10 年，从工作上可以独当一面到自我突破，一次次的磨炼让她的思想更加成熟。医院也给予她发展的平台，加上家人的支持，促使她一直坚守在急诊科。漫长的护士生涯，改变的是光阴，不变的是她救死扶伤的心。

比别人想得多一些

周老师说，护士的职责从大的方面讲是救死扶伤，落到小处便是关怀病人，减轻痛苦。一直以来，她奉行的原则是：要把每一位病人当作重症病人来

照顾和关怀。记得有位病人因为腹痛、腹泻来医院就诊，病人只是觉得自己患了一般胃肠炎，没有引起重视，殊不知心梗有许许多多的心脏外表现，来到急诊室后，经过心电图和心肌酶谱检查，该病人被怀疑是心肌梗死，于是周老师他们就按照心梗的流程来抢救，最后果然是右室心梗合并心源性休克。如果没有及时发现和治疗，病人将十分危险。

还有一次抢救，也令周老师印象深刻。一位年轻的军人，当时只是觉得自己有一点胸闷来到急诊室，其他人正准备把病人分到普通门诊的时候，周老师看了一眼这个年轻的小伙子，凭她的经验，这位年轻人可能是气胸，于是马上制止了分诊。后来通过进一步的检查，周老师的评估果然是正确的，于是立即进行了相应处理。周老师说，这种细微的病情观察不是从书本上就能学会的，而是靠多年来慢慢积累的经验，看到病患时想得比别人多一些，也许就能更及时地发现病情并进行妥善处理。她喜欢待在急诊室，是因为每救治一个病人都会给她带来满满的成就感，她也从这些“小事”中不断地实现着自我价值。

如何成为合格的护士

在周根娣老师多年的带教经历中，她发现自律性、主动性、自信心和沟通技巧对一个人的职业发展有着重要作用，而这些，恰恰是实习的学生所欠缺的。她说，实习生的自我防护意识不够强，理论知识不够扎实，这些都是突出问题，但对刚刚参加工作的实习生来讲，的确不能和工作十年、二十年有经验的护士比较，任何事情都有一个磨炼和积累的过程。

她希望护生们在校期间，一是要打下扎实的理论知识基础，不要到临床后一问三不知，实习期间不是为了补课，而是在和老师相互探讨的过程中提高自己。提高自己也有方法，刚刚进入临床肯定是无法熟练工作的，比如抢救时，虽然你无法参与其中，但是你可以认真地看完整个过程，然后回顾一遍当时的情景，再看一遍老师的书写内容，回家后再将这个病人的病情和书本相结合，这样一来就能灵活掌握，而不是对着书本死记硬背。二是要提高自己的沟通能力，沟通也是一种技巧，平时可以看看这方面的书来提高自己，同一个意思，用不同的表达方式给人的感受是不同的。三是要有慎独精神，这个很重要也很关键。很多时候护理的工作是别人看不到的，比如给病人打针或是测生命体征，或是晚上巡视病房，不是时时刻刻都有人监督你的，在没有人监督你的时候，你也必须当作有人监督一样，秉着良心做事，严格遵守操作流程。当然，这一切都要基于一个基础，那就是你从内心热爱这份工作，这样你才会付诸行动，行动是内心的真实写照。此外，爱心、细心、责任心也是必不可少的。

郑丽平：做自己喜欢的事，永远不累

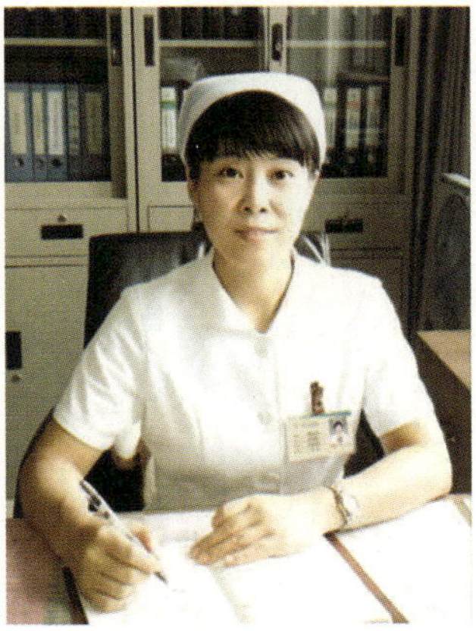

人物名片：

郑丽平，主任护师，杭州市西溪医院护理部主任。曾被评为杭州市十佳护士、杭州市三八红旗手、杭州市卫生系统“千优”健康卫士、杭州市西溪医院十佳员工等。曾在《医院管理论坛》《中医药管理杂志》等杂志发表论文数篇。

人生格言：

赠人玫瑰，手留余香。

神圣的护理职业，践行责任和使命

成为像南丁格尔一样神圣的天使，是每个护理人都向往和为之奋斗的。从17岁中专毕业踏上护理岗位开始，整整29年，郑丽平老师以南丁格尔誓言为座右铭，时刻铭记护士的责任和使命。回想当初为什么会选择做一名护士，郑老师的想法很朴实，她说，当时她并没有抱着很大的理想和抱负，也没想过成为什么救死扶伤的“白衣天使”，只是因为自己的性格合适，凡事能认真负责地对待，所以就选择做了一名护士。

走上护士岗位以后，她慢慢地体会到护理工作的重要性及它的价值所在，也渐渐明白“白衣天使”的真正含义。就在她刚工作不久，有天凌晨，有一名患者经抢救无效死亡，她与工人将死者送到了太平间，返回病区整理床位时发现患者的床头卡掉在地上，她想是不是刚刚大伯在转运尸体的时候不小心把床头卡从尸单上拉脱了。她独自一个人拿着床头卡，打着手电，回到太平间，在昏黄的灯光下把床头卡又工整地别在了死者胸前。第二天和同寝室的小姐妹说起这事时，小姐妹惊得瞪大眼睛：“你疯了？我不要和你住一个寝室了！换我，就算是扣光一个月的奖金我也不干！”郑老师却昂首挺胸，插着腰神气地说：“我穿的是护士服，浑身雪白，毫光四射，有什么好怕的！再说，不别上床头卡，让人怎么辨认？”这位天不怕地不怕的小姑娘，用实际行动诠释着她对护理工作朴素的理解——神圣而严谨！她凭着出色的工作表现，从护士队伍中脱颖而出，一步一个脚印走来，踏实又平凡。

“做自己喜欢的事，不会累”

从临床管理的护士长到行政管理的护理部主任，用她的话说：“我还是一名护士，经验从临床一线来，管理也要回到临床一线去！我要为我的护士姐妹们做事，为我们的患者做事！”

办公楼道里身着紫蓝色工作服，迈着没有声音的步子，如风的身影闪过——就是她。当第一缕阳光照进窗户，大伙都还赶在上班的路途中时，她已经按照工作记事本上一条条内容开始新一天的工作。不知从什么时候开始，她忙得忘记了午休，养成了喝咖啡提神的习惯；离开办公室前，检查工作记事本上未完成的事项，整理需要带回家的资料成了常规。

护理部的日常工作细致而烦琐，她相信，把每一件琐碎的小事做好，那么工作也就成功了。她利用午休时间轮流找护士长谈话，从她们那里了解每一位护士近期的思想、工作、生活状况，对有不良情绪的护士进行及时疏导；关心照顾病假和怀孕的同志，为她们调配合适的岗位；定期慰问退休老同志；还组织并鼓励全院护士参加志愿者服务来延伸护理服务。

每天，她就像上了发条一样地工作。如果要想在办公室找到她很难，大多数的办公时间里，她都深入临床工作中去发现和查找护理工作中存在的不足之处，并不断修订护理工作制度、护理流程、特殊情况下的应急预案，健全和完善护理质量管理体系，确保护理质量和护理安全。在一系列的三级检查背后，就是堆积如山的台账，这些都只能在业余的时间完成。看着她眼角不断增加的皱纹和日益消瘦的身躯，大家关切地问她："你累吗？"她总是笑笑说："做自己喜欢的事，不会累！"

咬紧牙关，苦干实干

2012 年，医院刚刚从专科感染型医院转型为综合医院，在她平时的工作中常常会遇到各种各样的困难，最棘手的是解决护士人手紧缺的问题。护理队伍是一个萝卜一个坑，如果病假和产假的护士接二连三地出现的话，就会对整个护理团队产生影响。而且，在转型的起步阶段，医生和护士都要涉及许多新的领域，安排护理人员培训进修也是迫在眉睫。经过多年努力，全院护士人数从搬迁时的 200 余名增加到现在的 350 名，虽然根据目前的病床数来说护士人手还是非常紧缺，但超过一倍的增长数据，还是令她比较欣慰的。

面对 2012 年护理人力匮乏的窘境，护士的思想也曾剧烈动荡，很多护士长都来诉苦："人这么少，这个班我真排不下去了！"那时她在护士长会议上坚定地说:“排不下班,护士长自己顶进去! 如果我们都没有信心,护士队伍如何稳定? 我相信,困难总是暂时的,只要我们心存希望,齐心协力,医院肯定会好起来的!”面对医院快速综合发展的势头,护理人才队伍建设又成了一道难题,综合 ICU、急诊、骨科等新兴科室的护理人才极度匮乏,她不断给护士打气说:“就没有过不去的坎儿!”她组织编写新科室护理常规,帮助护士长对护士进行业务培训。在各科护士长的大力支持下,勒紧裤腰带,硬是选拔骨干外出进修;还定于每周四利用中午休息时间对全院的护理骨干进行培训学习考核,这一坚持就是近四年! 这样的学习氛围和工作热情,得到了大家的一致肯定。

医院搬迁刚稳定,又开始如火如荼地进行三甲复评工作,她经常加班到深夜后索性就“住院”,高涨的工作热情暂时掩盖了她的憔悴,在送走评审专家后才长长地舒了一口气。在她的高标准严要求下,护理各项工作得到护理专家的好评,顺利通过复评;护理部的工作也得到了大家的肯定,获得 2013 年度杭州市“工人先锋号”和医院先进集体荣誉称号。这些成绩的取得靠的是郑老师和她带领的团队的苦干实干!

相亲相爱一家人

她视每一位护士如自己的姐妹和孩子。自搬迁到西溪以后,她把护理部打造成为护士姐妹的“娘家”,开通“娘家”公共电子邮箱,建立同事间支持心理疏导小组,只要有心里话都可以发电子邮件到护理部或找小组老师倾诉。不管多晚,只要她看到都会第一时间回复。2015 年,有两个护士姐妹家里有困难,她第一个提出倡议,护士长们也积极响应,自掏腰包为她们送去慰问金。每年护士节,她都要合理争取经费,举办丰富多彩的护士节活动,加强护理团队凝聚力,这支护理队伍在这样健康和谐的氛围中不断成长壮大。

不管是对待病人,还是对待自己的护士姐妹,工作中一丝不苟的郑老师,都会站在对方的立场上思考问题，善待每一个人。每年医师节、助产士节她都记得为她们送去节日的鲜花与祝福；多年平安夜都亲手包装平安果，为坚守在一线的医生、护士、保安送去平安果，传递最真心的平安祝福；刮风下雨的日子，她总不忘嘱咐楼道里搞卫生的阿姨路上小心；冬天夜里查房时碰到值班保安人员，总不忘提醒他们多加一件衣服。现在，有一些以前她护理过的病人，会到医院来看看她，令她感到十分欣慰。她认为，这就是真心付出获得的回报。

郑丽平老师就是这样用 29 年的职业生涯记载着她对病人、对同事、对工作、对医院、对护理事业的无限激情与热爱，平凡中孕育着伟大，朴实中彰显出感动，感动着您，感动着我，感动着他……

郑香琴：踏踏实实做人，端端正正行医

人物名片：

郑香琴，主管护师，杭州市肿瘤医院多学科合作病房(MDT病房)护士长。曾多次被评为院级先进工作者，荣获2011年第三季度"明星护士"、2012年"医疗服务讲规范"标兵、2013年杭州市卫生系统"百佳千优"健康卫士等荣誉称号。

人生格言：

求真务实，善待病人。

郑香琴老师1996年进入杭州市肿瘤医院。1999年，她作为护理骨干被派至浙医二院ICU进修，回院后参与了ICU的组建，并作为中坚力量在ICU工作了7年，积累了丰富的危重病人护理及抢救的工作经验。2012年她成功竞聘MDT病房护士长。工作之余，她结合自己的切身护理体会撰写了临床护理论文6篇发表在省级杂志上。她脚踏实地，敢于探索，求是创新，用真心、爱心、诚心、耐心善待每一位病人。

享受忙碌，充满活力

在访谈组去采访的时候，郑香琴老师正忙碌地处理着手头的工作。几乎每一天她都这么忙碌，既有常规的事务，也时有突发特殊状况需要处理。按郑老师自己的话说，每天二十四个小时远不够用，有时候到了饭点，可工作还没完成。她开玩笑说："真想把挂在墙上的钟的时针往回拨一点。"

尽管工作很忙碌，她却精力充沛得像个女超人，在科室里，她似乎永远是最有活力的那个，在病房里一天能走一万多步呢！她享受这种忙碌而充实的感觉，对她而言，压力反而增添了她的动力。郑老师说，她的动力离不开家庭的支持，更源自于她对工作的信念和追求。自任护士长以来，她从不以护士长自居而减少工作量，而是时时处处以身作则，每当有急危重病人时，总是抢在前面，争分夺秒抢救病人。她把自己的工作比喻成一个"大齿轮"，带着许多"小齿轮"运转，除了完成本职工作，她还担负着促使"小齿轮"各司其职的任务。

有感于一些年轻护士因工作忙累而离职，她颇有感触地说，工作信念最容易出现动摇应该是在工作了 5—8 年的阶段，有的护士可能会坚持不下去，因为她们觉得，从事其他工作的同学或朋友不用上夜班，工作很轻松。这样盲目比较产生的落差感，会削减护士的工作热情。平心而论，护士工作确实比较繁忙劳累，每天走进医院后，都是分秒必争地在工作。这样的工作环境和性质，出现职业倦怠也很正常，但郑老师说，这些是有办法克服的。一是要端正自己的位置，树立明确的目标。有目标才会有前进的动力，不仅要有长远目标，还应有阶段性的小目标。工作的前两年可能就是一条分水岭，两年之后能力差异就越来越明显。就拿放疗专科的健康宣教为例，同样是面对一位已经放疗十次的患者，有的护士会告知患者十次放疗之后可能会出现肺部并发症，那么，一旦患者出现了并发症，他也有心理准备，而有的护士则做不到这一点，因为知识储备和业务能力是有差异的。所以说在不同的阶段，自我提高，不断填充自己很重要。二是要寻找兴趣，善于钻研。兴趣是最好的老师，它可以帮你找到工作的乐趣和成就感，很多时候兴趣还是照亮护士前进方向的指路明灯。如果仅仅功利地去追求升职或评职称，效果可能适得其反。

相互理解，同舟共济

对于一名护士来说，护患关系的处理也是工作的一部分。营造和谐的护患关系，给予病患人文关怀，是所有护理人为之努力的目标。郑老师说，病人深受疾病带来的痛苦，作为护士，应该多站在患者的角度看待问题，体谅他们因疾病而出现的一些行为和心理上的异常。她认为，一个优秀的护士可以正确地判断这些是否因疾病引起，从而去合理地解决问题。当然，毕竟"无理取闹"者也是极少数，大多数时候大家都能相互理解，其中也不乏一些感人的故事。

曾经有一位老奶奶长期住院，时间长了，医护之间产生了深厚的感情。一天，奶奶突然大量咯血，最终因失血过多抢救无效。当护士听见这个噩耗后，第一时间跑过去，在老奶奶的床边号啕大哭。病人的家人看到了这一幕非常感动，对这个护士也充满感激之情。

郑老师说，跟病人相处久了，都会产生像亲人一样的感觉。在郑老师的科室里，曾有一个非常可爱的小护士，嘴特别甜，经常亲切地问候病房里的病人。病人也都很喜欢这个小护士。

那时有个病人病情恶化，通过骂小护士来发泄情绪。小护士感到很委屈，但事后那个病人也因为自己的不理智向她道了歉。人与人之间需要相互理解，也贵在相互理解，在一个和谐温暖的环境下，大家才能同舟共济，共渡难关。

郑老师说，作为一名在临床护理一线的护士，要有一颗善良的心，为需要帮助的人做一些力所能及的事。她作为其中一员，从事平凡的护理工作，无惊人的壮举，更无耀眼的光环荣誉，唯有一个执着，就是踏踏实实做人，端端正正行医。

胡晓鹰：护航在生命起点

人物名片：

胡晓鹰，主管护师，杭州市第一人民医院妇产科助产士。曾荣获杭州市护理学会举办的“强生杯沐浴比赛”一等奖、杭州市肿瘤医院第二季度“明星护士”、杭州市第一人民医院先进工作者、杭州市卫生局局级优秀团干部、杭州市第一人民医院产科青年文明号负责人、杭州市优秀护士等荣誉称号和奖项。

人生格言：

知足常乐。

勤奋努力是攀登的垫脚石

采访胡晓鹰老师的那天，我们来到了医院的妇产科病房，胡老师在工作时间很少闲下来，我们见到她时她刚刚结束病房的巡视工作。

谈起自己的职业生涯，胡老师说，成为一名助产士纯属偶然。1997 年胡老师从杭州市护士学校毕业后，就到了市一医院工作。一年后，因工作需要，她被安排到妇产科。由于在学校学的是护理专业而非助产专业，所以她在妇产科方面的知识储备几乎是零，“如何护理新生儿”“如何观察产程”等一系列的问题都困扰着她。为了更好地适应妇产科的节奏，她坚持每天看专业书，有问题及时向同事请教，勤奋的她在专业知识方面很快有了进步。不仅如此，她不满足于中专文凭，工作之余她还努力提升自己的学历层次，先后完成了护理大专和本科的学习。2008 年，她又迎来职业生涯的第二次挑战，护士长安排她进入了产房，学习接生，由此她走上了助产士之路。虽然工作学习辛苦忙碌，但她很感谢那段经历，因为从中她学到了不少东西，积累了不少经验。三年的产房工作，也让她的专业知识更加扎实，临床操作更是游刃有余。

胡老师说，助产确实也属于护理的一部分，但它跟一般的护理工作有所不同，要“炼”成一名助产士，绝非一件易事。这是一个对技术和责任心要求极高的群体，要求集“十八般武艺”于一身。在其他科室，护士在面对病人时，他们所拥有的话语权往往比较少，大多数人会认为护士是医生的附属品。然而，助产士刚好相反，在产科多年的助产士，其经验不亚于一个产科医生，有时医生也需要听取助产士的意见，这意味着助产士要有十分扎实的专业功底和临床经验。胡老师的成功“转型”背后隐藏着她不懈的努力、刻苦的学习和默默的付出。

因为工作，曾让家人心疼

护理工作强度大是众所周知的，但助产士的工作却比一般护理工作的强度还要大。胡老师自己还是个准妈妈的时候，坚持挺着孕肚在病房里工作一直到足月，照顾着和她同样身为孕妇的准妈妈们。怀孕的时候，除了一天要吃三餐主食外，一般还要额外添加点心补充能量。每一次的夜班工作强度都非常大，阵痛的孕妈妈特别多，还要护理手术和顺产回来的妈妈和婴儿们，夜班工作几乎是需要胡老师用“跑”来完成的，她常常是挺着大肚子一直到晚上 10

点都还没有吃上晚饭。当时胡老师的妈妈来医院，看到自己女儿忙到这么晚却还未吃晚饭时，心疼得流下了眼泪。当时母亲说的一句话，胡老师始终记在心头："唉，我女儿工作真的好苦啊！"胡老师的妈妈平时都是能理解女儿工作的，但当女儿在需要照顾的时候，却因为工作而得不到应有的照顾，做妈妈的心里总是会有着许多心疼和无奈。同样是准妈妈，为了照顾他人，她只有委屈自己了，说到这里，胡老师眼里也含着泪水。胡老师的责任感深深地打动了我们。

用心去体会，用爱去奉献

"用心去体会，用爱去奉献"是胡老师职业生涯中一值信奉的真理！胡老师微笑着告诉我们，工作的时间越久越是有那么一份特殊的感情，因为她从心里爱她的助产工作，爱她的产科！工作至今，胡老师遇到过无数的事情，有几件事情她依然记忆深刻。

产科是一个极具挑战的地方，记得有一次上后夜班，她班上一个产妇突然血压升高、口吐白沫、全身抽搐，当时情况非常凶险。她们团队通过全力抢救，控制了病情，凭着扎实娴熟的操作技能，争分夺秒，协助值班医生的全力抢救，时间不知不觉地过去。生命是脆弱的，生命更是顽强的！经过为时两个多小时的抢救，病情终于得到了有效的控制，家属喜极而泣！三天后产妇病情稳定，由ICU转入普通病房，她们夫妻俩拼命拉着胡老师的手一再表示感谢。胡老师告诉我们，那一刻自己内心真的感到无比幸福，因为辛勤付出得到了病人的认可。

产科是让人充满幸福感的地方。某次胡老师在产房当班，一位孕妈妈出现了胎心下降的情况，通过一系列产科处理，最后母子平安。及时地挽救了一个小生命，幸福了一个家庭，此时此刻，胡老师的职业自豪感油然而生。那天杭州下着当年冬天的第一场大雪,路特别不好走,产妇的丈夫特地出去给胡老师买了水果篮和鲜花对她表示感谢。

胡老师义正词严地告诉我们,守护新生命,她责无旁贷,她会一直努力去呵护这些新生命的到来,用她的双手托起生命的太阳,聆听这世界上最美妙的啼哭声。

时光飞逝,胡老师已经从原来那个初出茅庐、经验不足的小护士变成了现在科室的主心骨,成了一名资深的助产士。岁月虽然使她的容颜变得憔悴,但同时也见证了她的成长。人总是在不停地成长,如果说当年的她有那么些青涩与稚嫩,那么今天的她已经多了一份成熟和稳重,她对护理这个职业的诠释也在不断地改变。

“合抱之木,生于毫末;九层之台,起于垒土;千里之行,始于足下。”胡老师说她不怕小事重复做,不拒平淡重积累,她相信,简单的事重复做就可以成为专家,重复的事用心做就可以成为赢家。胡老师将继续护航在生命的起点,依然为万千家庭迎接、守护新生命的到来,累并快乐着。

俞素琴：真诚是人高贵的品质

人物名片：

俞素琴，主管护师，杭州市肿瘤医院肿瘤综合科护士长。获得 2011 年度浙江省第二届“明星护士”奖，杭州市肿瘤医院优秀工作者，杭州市肿瘤医院“科研优秀个人”，2015 年度杭州市优秀护士等奖项。2014 年获杭州市自然科学优秀学术成果三等奖，先后在《中国实用护理杂志》《护理与康复》发表论文数篇，主持参与多项省、市课题。

人生格言：

用爱心来做事，用感恩的心来做人。

梦想做“没有翅膀的天使”

一个人选择一个职业，肯定有他的理由。中学时代的俞素琴，偶然间听说了南丁格尔的故事，这个故事在她心里仿佛播下了种子，她觉得护士是没有翅膀的天使，是真善美的化身，很令人向往，于是一个小小的梦想就这样产生了。当时，俞老师的父亲身体不是很好，老往医院跑，她也得以有机会频繁地接触医生和护士，那些救死扶伤的医护人员给她留下了深刻的印象，同时她也感觉到，帮助需要帮助的人是一件多么美好的事呀！于是，成绩优秀的俞老师在考中专的时候，毫不犹豫地选择了护理这个专业。

梦想成真的俞老师格外热爱护士这份工作，在她眼里，这就是值得为之奋斗终生的事业。她坚持以诚待人，用真诚的心善待痛苦中的病人；她对自己要求严格，积极参加医院组织的各项活动，被医院评为“明星护士”；她是医院里最年轻的护士长，但她说自己也是最具幸福感的护士之一。

担任护士长的她，在工作中就像一个大姐姐，刚参加工作的护士心情不好时，她会积极地去开导她们；有一次大雪天，有位护士因为堵车不能及时赶到医院，她二话没说就去帮她顶班。在管理方面，她刚柔并济。她说：“身为护士长，我要一视同仁，不能偏心，更不能只看到她们的缺点，忽略她们的优点。因为错误谁都会犯，只要你认真地学，没有人会两三次以后还学不好的。”她会根据每个护士的优点来安排相应的工作，让她们的特长尽可能发挥出来。她还时常组织一些活动来增进大家的感情，凝聚团队精神，使整个科室就像一个大家庭，积极营造以诚相待、互相信任的工作氛围。

真诚对待每一位病人

15 年的护理生涯，她迎来一批又一批的肿瘤患者。目前有限的医疗技术固然无法满足病人的所有要求，看到病人遭受着病痛的折磨，她虽不能感同身受，但能明白他们很痛苦。有时面对患者的抱怨和指责，她选择宽容、理解和安慰。病人的理解和支持，同事们的肯定，让她在前行中充满了动力。

曾经有一位 50 多岁患宫颈癌的中年妇女，在内放疗以后，发生了放射性的直肠炎，直肠的黏膜很难修复，经过几家医院的治疗，这位病人辗转来到了市肿瘤医院。病人刚入院的时候持续血便，癌症的痛苦一直不停地折磨着她，使她对这个世界充满怨恨。这位病人的内心很敏感，不让她的丈夫离开她一步，甚至提出医生和护士要按照她的需求专注地对她进行治疗。比如，一般来说，输液治疗是在早上进行，有些特殊的病人可能会换成下午。这位病人她既不愿意早上输液，也不愿意下午输，她要求晚上输，并且还指定要哪位护士输，只要她一拉铃，护士就得马上到，哪怕是晚上也得随叫随到。当时整个科室都很头疼，身为护士长，为了能够更好地进行以后的治疗，俞老师耐心地开导病人，做解释工作。她说："即便是无法满足每一位病人的要求，但我也要真诚对待每一位病人，尊重每一个生命，并且愿意竭尽全力地去帮助他们减轻痛苦。如果我已经尽力了，病人会看到我们的努力，他们也会真心理解与感谢我们的。"

有一位年迈的老病人，性格非常内向，是一位抑郁症患者。俞老师得知后，每天都去开导他，向他解释每天的治疗情况和病情，尽管病人就回应她几个字，但她还是坚持去开导他。病人嘴上不说，心里还是有触动的。有一次上级来了解病人对医生、护士的评价，这位病人因为气很急，持续吸氧半卧位休息，当调查人员走到病房内的时候，这位病人很激动，坚持叫人扶他起来，年迈的他用颤抖的手握住笔，在纸上的表扬格内写下了"俞素琴"三个字，还断断续续地重复说着："她真的是个为病人着想的好护士长。"后来俞老师的同事把这件事告诉了她，她听后很感动，更加坚信以真心换真心，有付出就有回报。

投入工作，享受工作

俞老师几乎把她一半以上的时间都投入了工作中，她很享受现在的工作状态，很辛苦，也觉得很幸福。她说："因为我的工作性质，我总是早出晚归，孩子都是丈夫带着，但家里人都很支持我。"一个人的精力毕竟是有限的，当全身心投入事业时，对孩子、对家庭的时间投入就少了。为了方便工作，她把自己的家安置在医院附近，她说："我家到医院只需要五分钟，只要晚上有病人突发状况需要抢救，我能够马上赶到医院。"正是这种对事业的热爱，使她从不觉得自己很累。

俞老师还对前去采访的同学说，当前护理资源的短缺和当今患者期望值不断提高之间的矛盾非常突出，所以希望同学们坚定信念，树立信心。她说，要成为一名合格的护士，必须具备高尚的品格，耐心、宽容、待人诚恳、负责并且工作认真，这些品质都必不可少。如果想成为一名优秀的护理人员，要胆大心细，善于沟通交流，具备一定的创新能力及动手能力，还要有务实、勇于付出的心态，不要怕吃亏，吃亏是福。

俞慧琴：赠人玫瑰，手留余香

人物名片：

俞慧琴，副主任护师，1990 年参加工作至今，先后在杭州市第三人民医院中医内科、肾内科工作，现任泌尿外科护士长。多次被评为院级优秀工作者和优秀党员，荣获 2013 年杭州市卫生系统“百佳千优”健康卫士称号。

人生格言：

把苦、累、怨留给自己，将乐、安、康送给病人。

待病人以诚心

俞慧琴老师从事护理工作已有 20 多年，可以说，她服务过形形色色的病人，有配合她、给予她支持的病人，也有少数刁难她、令她难堪的病人，在与病人接触中，她不断感受着酸甜苦辣。无论是什么样的病人，俞老师都诚心以待，以心交心让她得到了病人的信任和认可。

俞老师的病房里曾有个患有糖尿病肾病的病人，平时的表现也没有什么异常，但细心的护士们发现，这位病人一到中午就要出去，住院期间几乎每天如此。出于安全考虑，科室里的住院病人如果没有特殊情况，医院是不同意让他们出去的。但这个病人坚持每天要出去，也不告诉俞老师她们是什么原因，即使有时候还在挂针，到中午时间，他也要求护士把他的针头拔掉，让他出去。护士们的阻止引来病人的破口大骂。作为护士长的俞老师了解到这一情况后，第一时间跟进了解情况，耐心与病人聊天，倾听他的难处，获得了病人的信任，病人终于向她道出了实情。原来这个病人之前有吸毒史，住院期间也要每天去疾控中心吃药，但是他怕讲出来丢面子，也怕医护人员知道以后会用异样的眼光看他，所以他宁愿被护士们误解为脾气古怪，也不愿讲出实情。这件事情让俞老师觉得，对于行为古怪的病人，不能一味忍耐、抱怨，要多花点时间去了解他们，也许对病人来说，这是一种很好的慰藉，同时也是获取他们信任的好机会。护理病人不仅仅是护理他们的身体疾病，也包括对他们的心灵给予人文关怀，对病人要多一些理解和宽容，设身处地为他们着想。她说，现在她和很多病人就像朋友一样，有的尽管叫不出名字来，但在公交车上碰到她，病人也会跟她打声招呼呢。

给同事以温暖

俞老师作为团队的负责人，除了在工作上做好“领头雁”，她还积极营造温暖、温馨的团队氛围。每到过年，俞老师会让刚来的小护士早几天就回家过年，与家人团聚。她说，她特别能理解刚参加工作的小护士的心情，她们离开家人、老师，内心会感到孤独，自己当初就是这么过来的，过几年适应了就好了。2015 年的大年三十，有几个刚参加工作的新护士，因为离家太远回不了家，俞老师和几个年资比较高的护士带着这些新护士回到自己的家里，一起买了菜，各自拿出“看家本领”，做了一桌丰盛的晚餐。这样，小护士们很快就融入了这个团队。此外，俞老师也会在一些节日举办联欢会，增加对彼此的了解，促使大家心往一处想、劲往一处使，增强科室的凝聚力。

科室融洽的氛围也让大家工作上更加默契，更能相互体谅。俞老师说，碰上节假日需要值班，大家都会很配合，从来不会因为大年三十、大年初一这样的特殊日子排班而推来推去。当然，排班的时候俞老师也会听她们的意见，能解决的都为她们解决，不能解决的就商量着解决。团队氛围融洽了，工作也好做了，俞老师笑着说，这样工作起来，大家的心不会累。

予后辈以包容

俞老师在临床带教方面的经验也十分丰富，她常说，一个人的十指都不一样长，学生的学习能力和接受能力自然也是有差异的，经验的积累需要一定的过程。能把好的学生带得更好是正常的，但能把“后进生”也带好却是要有一套方法的。领导们都知道俞老师有自己的一套，所以有时候会把个别“后进生”从别的科室转到她这里来让她带。俞老师说，只要她本人想学好，就不怕带不好，除非她不喜欢这个行业，不想做护士。事实上，她已有过很多成功经验。

对于转过来的“后进生”，她不会用歧视的眼光去看待，更不会妄加责备。她会仔细观察这些学生做事情的过程，发现问题的时候及时指出来，而且她会让学生自己分析哪些地方做得不对。在分析的过程中，有时候会发现出错并不是因为学生本人,而是系统出了问题,所以,她觉得不能把所有的错误都怪到个人头上,这样学生的心理压力就会减轻,而且在此过程中,系统的漏洞发现后及时得到了弥补,学生受到教育的同时自信心也树立了起来。她说,一味的责怪是无济于事的,要帮助学生去发现问题,更好地解决问题,而这个自我分析的过程也会培养一个人胆大心细的品质。在管理团队时,她也是如此,出现问题首先是查找原因,及时改正,久而久之,护士们养成了自我查找问题、分析改进的习惯。这样的管理方式让护士们觉得俞老师是非常讲道理的人,大家也都很信服她。与其说这是一种管理方法,不如说,这是俞老师以她有原则的包容,激发了护士们自主思考、自主改进的积极性。

二十几年如一日,俞慧琴老师就是这样用她平凡的脚步,踏出她对工作、对同事、对事业热爱而朴实的印记,"赠人玫瑰,手留余香",付出、给予她人快乐和温暖,自己也将收获快乐,这就是她朴实的处世哲理。

夏云：工作着是美丽的

人物名片：

夏云，副主任护师，杭州市第一人民医院消化内科护士长。曾获得杭州市青年岗位能手，三八红旗手，2005年浙江省优秀护士、杭州市优秀护士，2006年杭州市十佳医卫能手等荣誉称号。

人生格言：

踏实做人，尽心做事，做最美的自己。

成长：伴随阵痛的蜕变

夏云老师一毕业就来到了杭州市第一人民医院工作，不知不觉中已经在护理路上走了二十余载。已过不惑之年的夏老师看起来依旧年轻，笑容亲切。回忆起当初填报志愿的时候，她说，那时候比较懵懂，对护士工作的理解也很表面，中专毕业后她直接参加了工作，没有读大学令她深感遗憾。在人生最美的时光，夏老师投身护理事业，她不知疲倦地奔忙在工作岗位上，有过成长的阵痛，也收获着最真挚的感动。

夏老师坦诚地说，和许多人一样，她也有过职业倦怠期，甚至有过要放弃工作的想法。那是她生完孩子重新回到工作岗位的时候，她被分配到了门诊，每天的工作内容就是挂盐水、接盐水，机械地重复着，而且和患者基本没有什么沟通，核对好信息后就打针。一天上百个病人，有时候连病人长什么样都没时间看，直接把手拿过来，找好静脉就打针了，非常机械和乏味。枯燥的工作让她怀疑自己的价值，她找不到成就感，和病人缺乏互动，让她感觉工作似乎失去了乐趣，那个时候她萌生了不想做护理的想法。但是她很快调整了自己的心态，工作枯燥和乏味，正好可以锻炼自己的韧性，何况这里工作压力也比较小；尽管打针这样的事很小，但正好可以把技术练精，护理不就是把一点一滴的小事做到最好吗？门诊也是医院的“窗口”，她要把护士好的精神面貌展示出来。对于还要照顾孩子的夏老师来说，她相信这是最好的安排。摆正心态后，夏老师很快从消极的情绪中走了出来，摆脱了职业倦怠，她相信只要脚踏实地，不断提升自己的能力，自己一定可以在更高的平台上发挥作用。

感恩：用心付出的收获

工作过程中，夏老师以自己的善良、真诚赢得了病人的好感，病人很感恩，她说，她的成长离不开病人的鼓励和宽容。我们去采访的当天，一个老爷爷拿了一袋面包给夏老师，并和她说：“我看到你早饭没吃，是不是你买的面包掉了？”夏老师说：“我没买面包啊，也没掉面包。”不管夏老师怎么推辞，老爷爷还是坚持把面包给她，她盛情难却只好收下。老爷爷只是想编一个“掉了面包”的理由，让夏老师收下他的面包而已。病人的体谅和关怀，让夏老师感动不已。

还有一位病人让夏老师难以忘怀。当年夏老师还是一名实习生，在给一位老大爷打针的时候，她打了两针都没打进，紧张万分的她涨红了脸，立马道歉说：“不好意思啊！老大爷，我让我们老师给您打。”没想到老大爷一把拉住了她，斩钉截铁地说：“你继续打！”夏老师有点不自信，她颤抖地说：“我不行，

我打不进去的。”老大爷说：“打不进去也没关系，我不怕痛，我们做手术都不怕，还怕打针？难道你以后也要让老师来帮你吗？总有第一次，不能怕，要靠自己。”在老大爷的鼓励下，第三针终于成功了。时隔这么多年，夏老师说起这事的时候眼睛还是湿润了，当时老大爷给了她多大的勇气啊！老大爷帮助夏老师找到了自信，这种鼓励和信任，让夏老师一辈子都难以忘怀，也让我们深深地震撼。从此，夏老师更加严格要求自己，努力提升临床能力。她说，我们见过太多看到一针没有打进就反感抱怨的病人，当然这样的抱怨也无可厚非，抱怨和宽容同样是前进的动力，前者是提醒、鞭策我们成长，后者是激励、鼓励我们去做得更好。她很珍惜这份工作。助人自助，她在用自己的专业水平为他人服务时，也收获了最真挚的感动。

信念：一生执着的追求

一个优秀的护理人背后，一定有坚定的信念和终身为之奋斗的职业品质。当我们问道，一个护士最重要的品质是什么，夏老师说，是善良、诚实和尽职。善良是一个人最基本的道德品质，不管从事什么职业，与人为善可以让人与人之间的交往更为真诚；诚实是对自己和他人负责，只有诚实才能不断发现自己的问题，不断地进步；尽职是对工作负责，有时候我们做一份工作，可能并不是因为这工作有多么的伟大和崇高，而是我们需要这样一份工作，我们需要一份生活下去的能力和动力，这也是我们获得尊重的方式。

她说，人的一生很短暂，无论是工作还是生活，我们都要有一双发现美的眼睛，不断完善自己，充实自己，让自己的每一天都过得有意义。她认为，在工作中，护士的职责是运用自己的职业技能，实实在在地为病人服务，拯救生命，不辜负别人对“白衣天使”的期望，纵然有苦有累也有不被理解的时候，但看到病人在我们的护理下恢复正常生活，那就是最大的成就感。要坚持完善自己，改变自己的心态，享受工作。在工作之余，要学会生活，没有轻松的生活调节，就没有高效率的工作。学会愉快生活，轻松学习，才能更好地工作。

顾利慧:用心探究工作背后的意义

人物名片:

顾利慧,主任护师,现任杭州市五云山疗养院副院长。1993 年 7 月至 2016 年 7 月,历任杭州市第三人民医院护士长、护理部副主任、护理部主任。曾发表论文 9 篇,其中 3 篇发表于一级期刊;主持完成护理课题 2 项,获浙江省医药卫生科技三等奖 2 项。

人生格言:

一分耕耘,一分收获。

被需要着是幸福的

顾利慧老师在担任护理部主任期间,坚持主动深入临床,这已成了她的一种习惯。每天上午,她都会到临床各护理单元了解工作动态,针对特殊疑难情况提供指导,现场协调解决一些临床工作上的困难。更多的时候,她是主动下去发现问题、收集问题。她说,临床工作也不容易,与其让她们从病房跑到护理部来反馈问题,不如自己主动深入。这样对于临床护理人员来说,也可以减少一些非专业性工作。下午,她会召集有关人员开会讨论在临床护理中发现的问题，哪些需要系统性地改进，哪些需要整体推进。对收集到的问题她都会做分析总结，明确需要重点协调的工作和需要改善的工作，所有的这些，她都会详细地记录，以便后期追踪。

“当初选择护理并没有考虑这么多，只是认为这是份安定的职业。当然，选择这份职业也有很多别的因素，与其说我选择了护理，不如说是护理选择了我。”顾利慧老师坦率地笑着说。顾老师已经在市三医院工作了20余年，她扎扎实实、一步一个脚印地在自己的护理事业上耕耘，她说：“被需要着是幸福的，别人需要你的帮助，那么你的人生就是有意义的。”

“从小的方面说，如果家里有个懂护理的人在，家人也会得到很好的照顾；从大的方面说，要维护健康肯定离不开护理。”她说得很实在，“我们护理就是伴随着人而来的，病房里，有时候可能医生离开一下问题不大，但是护士不在的话，很多事情就进行不下去了。而护理工作绝对也不仅仅局限于医院工作之中，其实它在人的整个生命过程中都扮演着重要的角色，比如现在的围生期护理、老年护理、健康和营养的管理等，这些都是护理的工作。疾病治疗在医院当中，这对人的整个生命历程来说只是其中的一件事情，而医院之外的居家养老、康复、健康管理都会需要护理，其实学护理的人，可以做的还有很多。”她认为，不管是现在在护理岗位上的人，还是未来要从事护理二作的人，都应该认识到护理这份工作的价值和存在的意义。

“三百六十行，其实没有一行是轻松的，有能力去帮助别人的时候不要吝啬。如果能去帮助别人，换种说法就是被需要，那人生就有意义，每天都是幸福的，如果仅仅用金钱衡量护士的价值，那就太浅薄了。”顾老师说，“在护士工作岗位上，我干得比较顺心，心里想的是怎么把每天的工作做好，其他的事，我并没有考虑很多。”每个人对价值的理解是不同的，如何才是有意义的人生，每个人心中也有不同的定义。在顾老师看来，每个人价值观可能不一样，但是有一点，所有的东西都不要把它等价看待，觉得付出了就一定要有回报，凡事不能先考虑有没有回报，再考虑要不要去付出。如果很多事情哇利才去做，那人生的路就会窄很多。

她认为，要做好一份工作，一定要慢慢地静下心来去学会体验这份工作带来的美好。前不久，顾老师在院内开展了“护理微幸福”分享活动。有个护士就写了有一次她去病房做晨间护理的时候，病人担心她还没吃早饭，就往她口袋里塞了块饼干。这件事令她感到非常温暖。还有位病人康复后特意来医院看望顾老师，因为担心她值夜班时遇到紧急情况，贴心地送了手电筒以表谢意。她说，这些温暖人心的小事或许很常见，相信每个用心的护士都会碰到。有些事情，对护士来说是举手之劳，但对病人来说可能是特别需要的事，包括看到病人时给他一个微笑，给他一点信心和鼓励。所以，你被人需要，你有能力帮助别人，是多么美好且幸福的事。很多事情要看到背后的意义，或者说要赋予它意义，这样你就会觉得这份工作很有价值，这就是工作之于她的收获与感悟。

用探究的心去学习

从基层的一名普通小护士，到从事护士团队的管理工作，顾老师觉得护理工作的确是非常锻炼人的。她说，首先，护理工作接触的人非常多，除了病人，还有他身后的一个大家庭。怎样保持信息的一致？怎样保持大家目标的一致？怎样相互理解、尊重？这里面其实有很深的学问，有很多工作和文章值得去做。其次，护理工作者要始终努力学习，不断地适应新的变化。护理面对的对象是千变万化的，而且新的问题、新的技术层出不穷。因此，怎么样去学习很重要。这种学习不仅仅是看专业书，而且要学会多去跟病人、同事沟通，在实践中学习、分享和提高。

顾老师认为，很多人之所以会觉得护士工作又累又苦又不值得，是因为他们对工作本身的意义认知不够，一味地抱怨是得不到任何成就感的。她说，每个人对自己应该有一个目标和定位，要正确认识自己，明白“我想干什么，能做什么”，对此，想想“我又做了哪些准备”。好高骛远，做事又缺乏进取心，是做不好任何事的。反之，如果带着一种对工作的思考，带着一颗探究的心去看待人和事，你会发现其中有很多值得学习的东西，渐渐地，你会成长，会发现其中的意义。比如在工作中，护士们可以从一件很简单的小事或者从很简单的操作中，探究它背后的医学道理，为自己今后更好的发展打基础。当我们在做一件自己认为很有意义的事情的时候，自然不会觉得累，反而会觉得任何的付出都是值得的。

顾老师勉励在校护生们，要学会做个有心人，这样工作起来就会事半功倍，也会有更多的积累和乐趣；做事前要先学会做人，让医院、病人和家属都信任你，支持你；同时要养成主动学习的习惯，不耻下问、胆大心细。她希望同学们走上护理岗位后，于细节处感受工作的价值，于细微处创造工作的价值！

顾俊杰："男"丁格尔撑起半边天

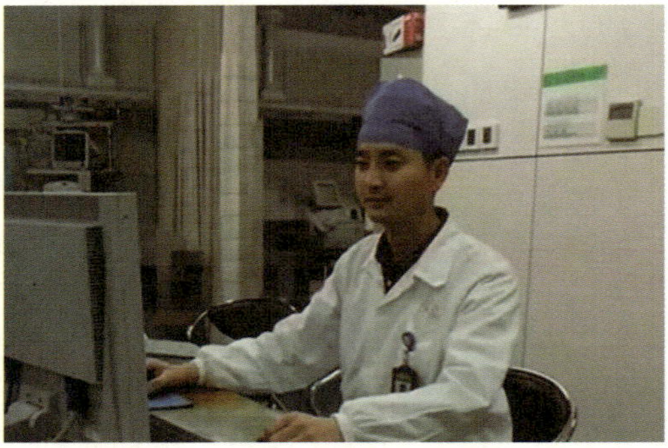

人物名片：

顾俊杰，护师，杭州市第一人民医院急诊科抢救室护理大组长，杭州市护理学会专委会主任委员，杭州市男护联盟主任委员，市一医院西湖男护联盟组长。曾荣获院十佳护士、院先进工作者、杭州市百名优秀护士、杭州市十佳护士、第八届杭州市十大道德模范（平民英雄）提名奖、浙江医学高等专科学校杰出校友等荣誉称号，并获得杭州市护理品管圈比赛一等奖 2 次、杭州市护理操作比赛二等奖等奖项。

人生格言：

你的负担将变成你的礼物，你受的苦将照亮你的路。

我是男护，我骄傲

在很多人的印象中，护理工作一直是女性主导的职业，但随着社会发展和护理学专业发展的需要，男护士的群体越来越大。目前在我国，男护士的比例大概为 1%，而在杭州，男护士的比例已经达到 3%，并逐年增加。在市属医院中,杭州市一医院的男护士人数最多,有 37 名,顾俊杰老师就是其中一位。除此之外,他也是“西湖男护联盟”的发起人之一。

顾俊杰,杭州市一医院急诊科男护士,从 2006 年进入医院至今已经足足有 10 个年头了,他也是本次优秀护理人访谈中唯一的一位男性。这位阳光帅气的“学长”,一见面就跟我们谈起他身为男护的体验。

顾老师说,当初到急诊科,给病人抽血,经常遭到病人的拒绝,觉得男护士毛手毛脚,不够细心。其实这是对男护士的偏见,实际上在医院里工作,很多男护士不怕苦也不怕累,但是因为社会认可度低,最终放弃了这个职业。随着社会观念的转变,近几年来,男护士的社会认可度逐渐提高,最明显的是患者对男护士的态度有了很大改变。现在很多患者点名要求男护士护理,抽血也专门找男护士。

“男护士的优势很明显啊,”顾老师说,“急诊科是抢救危重症患者的重要场所,遇到现场抢救、搬移器械、抱抬病人等力气活,在体力方面,男护士的优势比较明显。一个病人百来斤,女护士抬起来确实吃力。时间久了,不少女护士都患上了腰椎间盘突出。”他说,在大部分医院里,90%以上的男护士集中在急诊科、ICU、手术室这三大科室,主要是这些科室是医院里最忙、最累、劳动强度最大的科室,而男护士无论从体力还是紧急事件的应对处理方面,都比女护士要强。在这些特殊科室,男护士可以承担工作量相对较大的工作。从生理特点上看,男护士体格强壮、精力充沛、耐力持久,身体素质好被认为男性从事护理工作的最大优势,比如遇到心肺复苏、骨折牵引、骨科肢体消毒、手术体位的摆放、术后病人过床等护理工作时,男护士可发挥体力优势,更快更好地去完成。对某些持续时间长的手术,男护士能更长时间站立,从而满足手术的需要。在生理上,男护士没有例假,又不用休产假,这是比较明显的优势。

从心理素质上说,男护士抗压能力普遍强于女护士。当抢救不成功,对病人进行尸体护理时,男护士相对能够更及时快速地解决问题。在目前的医疗环境中,患者偶尔会有过激的行为,这时男护士往往能稳住场面。

顾老师说，现代护理越来越重视对病人隐私的保护，当涉及某些男性病人的特殊护理时，大部分的男性病人会更愿意接受男护士的护理。有调查显示，85%的男性病人表示，涉及隐私部位护理时较易接受男护士，如备皮、导尿等，可避免操作时男性病人和女性护士之间产生的尴尬。此外，急诊科护理人员还要掌握各种抢救仪器的工作原理、使用方法、日常保养和维护操作，例如平时常用的仪器有心电监护仪、呼吸机、除颤器等。“在仪器操作使用等方面，通常男护士比女护士入手更快，操作能力更强。”顾老师说，因为男护士比女护士更爱“捣鼓”这些仪器。

虽然在庞大的护理人群中，男护士的数量稀少，但男护士正在临床科室发挥越来越大的作用。现在男护士在就业时都很抢手，杭州很多医院都出台了“优惠”政策，渴望吸引并留住男护士。顾老师说，就拿市一医院来说，每年都会招聘男护士，而且数量持续上涨。在欧美发达国家，男护士的收入普遍比女护士要高。像在美国，近年来护士待遇不断提高，护士成为不少男性向往的职业。据《纽约时报》报道，许多男护士在面试时都表示，之所以应聘护士，是因为护理工作不仅稳定，而且收入不菲。今后男护这个职业会越来越受欢迎，也被更多人认可，顾老师不无自豪地说。

年轻就要多读书、多看报

如果说男护在整个护理队伍中是“稀有物”，那么顾老师也算是“稀有物”中的“精品”了。要成为一名优秀的护士，离不开自身的勤奋苦学。顾老师说，一定要学会自学。在学校里的时候，会有老师给我们上课，但是在医院里，考试也不比学校少，我们要准备什么呢？无疑就是自学。自学的途径有很多种，除了上网查阅资料，医院里的图书馆也可以成为我们自学的主要场所。他还说，医学方面的知识是更新最快的，一段时间不接触就会落下很多，他建议同

学们,刚开始可以根据自己在临床上遇到的问题去学习,回家看看资料,尽快熟悉你不懂的知识。等科室定下来后,再对所在的科室进行专研,做进一步的了解与学习,这样才能有进步和发展的空间。其实,作为一个护士,活到老学到老是一门很重要的功课,特别是男护。顾老师强调,男护必须掌握好理论知识,扎实的理论知识是工作的基础。现在很多的男护在理论这方面做得不是很好,在科研等方面也还有待加强。

工作、生活两不误,发起成立首个男护联盟

顾老师热爱工作,也热爱生活。谈到工作之外自己的生活,他的爱好很多,喜欢啃书,也喜欢带着家人出去散心。他说,有的人把注意力都放在了工作上,牺牲了自己的生活,于是常常被工作所累,无法释放自己的心灵;有的人甚至把工作的烦恼带回家中,导致家庭不和谐。如何找到工作与生活的平衡点是非常重要的,特别作为一个男护,一边是医院的责任,一边是家庭的责任,两个都是很重要的,工作、生活都不能耽误。

有感于“当一名男护难,当一名好的男护更难”,顾老师认为,随着男护士人数越来越多,他们也需要更多的关注和关心。2015 年,在医院领导和同事的支持下,他连同医院的男护们,发起成立了“西湖男护联盟”,这也是我省第一个男护士组织。同年 9 月份,杭州市男护联盟正式成立。顾老师说,联盟成

立后，已经开展了公益急救培训、全院护理操作比赛等活动，这也吸引了省内其他医院男护士们的关注，并且希望加入。他们通过组织文体活动，让分散在各个科室的男护们熟悉起来；通过举办各类专业操作技能比赛以提高男护的业务水平；促进科研上的合作，为男护们搭建一个展示自己的平台，挖掘他们的潜力；另外还一起参加社会上的公益活动，让更多人认识到男护们积极向上的一面。热心的顾老师说，希望男护联盟在提高男护士群体凝聚力和工作积极性的同时，更成为男护们温暖的集体！

倪东方：细节决定成败

人物名片：

倪东方，副主任护师，杭州市西溪医院肝病科护士长，浙江省护理学会防感染专业委员会委员，曾在《中国实用护理杂志》《中国乡村医药》等刊物上发表论文数篇。

人生格言：

怀着爱心做事，怀着感恩做人。

尊重与理解是和谐护患关系的基础

人们常说，护士是"白衣天使"，她的职责是使痛苦的人减轻痛苦，让健康的人保持健康，让即将面临死亡的患者也能被有尊严地对待。倪东方老师说，当初会选择护士这份职业是因为发自内心地喜欢这份职业，从坐在宽敞的教室里读一叠厚厚的书本到面对病患和周围浓厚的酒精味，从单调的学习生涯到繁忙的工作，倪老师对护士这个职业的认识也是日渐加深，她深知自己肩上担着的是病人的健康，是家庭的和睦，是社会的和谐。于是工作中她越发小心仔细，因为只有让自己变得谨慎再谨慎，才是对生命的尊重！

因为尊重，所以理解。倪东方老师设身处地地理解病人，也带领科室护士们热情服务病人，积极营造融洽和谐的护患关系。倪老师所在的科室，几乎没有发生过护士与病人争执的事情。倪老师笑着告诉我们："我们这里大多数病人都很信任我们护士，曾有一位病人因一输液就会出现心跳加快、呼吸急促的症状而不愿接受治疗，医生也无可奈何，当时还是责任护士的我一直陪伴在她身边，边劝说边鼓励，最后帮助病人克服心理障碍接受了治疗。"说这些话的时候，倪老师的脸上透露着自豪之情，而我们知道，这并不是谁都能做得到的。倪老师却说，想要病人信任你，其实没那么难，关键是要学会理解病人。病人待在医院，难免心情低落甚至烦躁，在这样无助的时刻，他们更渴望关怀与笑

容，而不是冷言冷语和眉头紧皱的面孔。护士是病人进入医院后接触最多的人群，也是最容易影响病人心情的因素，作为一名护士，要始终带着真心对待每一位病人，耐心地解释，细心地呵护，或许有的时候会遭遇不理睬和拒绝，但是只要你坚持，病人就会理解，也会感受到你的真心，自然也愿意付出真情。以真心换真情，就是和谐护患关系的基础。一个非常朴素的信念，倪老师用实际行动坚持了 29 年，那便成了一位护理人最耀眼的光环。

护士的职业价值是爱与奉献

倪老师告诉我们："职业没有高低贵贱之分，各式各样的职业组合在一起就是一个大社会，而我们在社会中扮演着我们需要的角色来体现我们的价值。每个职业也有自己的价值，作为一名护士，护士的职业价值是爱与奉献。"在担

任护士长之前，她的身影不停地穿梭在各个病房，她手中拿的不是吊瓶就是血压计和体温计，每天她都把及时了解到的病人的病情变化第一时间汇报给医生，以便他们能及时地采取治疗措施。肝病科是一个忙碌的科室，每天病人流动非常快，当上护士长以后，她常常会忙到延迟午饭甚至忘记吃饭。因为工作性质的原因，倪老师有时不得不牺牲对家庭的照顾，工作忙的时候，很晚回家的她只能看到孩子熟睡的面容却不能陪伴她。作为一名护士，毫无疑问，倪老师是非常优秀的，但是作为一位妈妈，她因为不能像其他职业的妈妈一样给予孩子全方位的悉心照料而感到些许遗憾。但是她说："护士的使命就是爱与奉献，总要有人去关心和照顾患者，这就是这个职业的价值，也是我的人生价值。"

勿以事小而略之

在倪老师看来，护士的工作是做好每一件小事，处理好每个细节，细节决定成败。她说："一个护士工作上如果犯了错，大多数是因为没有做好'三查七对'。这条制度的设置是有它的道理的，不把'三查七对'时时刻刻放在心里的护士不是个好护士，这是一个最基本的原则问题。"但倪老师也坦言："每一个护士都曾犯过错，包括我自己刚工作的时候也犯过错呢！犯错不可怕，最可怕的是犯错以后不知道反思。任何情况都要严格仔细地查对，因为你将要服务的对象是有生命的个体！不要以为这是一件可以随便忽略的小事，很多的致命错误就是由这些小事酿成的。"她想告诉未来要走上护士岗位的学生们，今后千万别因为工作的忙乱而忘记"三查七对"的铁律，相反要更加小心仔细，时刻保持头脑清醒，细心对待任何一件事。

徐晓春：但求无愧医者心

人物名片：

徐晓春，主任护师，杭州市中医院心内科护士长，从事护理工作30多年。曾被评为院先进个人，全国中医医院优质护理服务先进个人，被聘为杭州师范大学兼职副教授（任教1年）。曾发表论文7篇，其中一级期刊1篇，完成市卫生局课题1项。

人生格言：

认真做事，真诚待人。

一颗平常心，一路执着行

一件事只要你坚持得足够久，就会慢慢变成习惯。一件复杂的事情你处理多了，也就变得简单。徐晓春老师在杭州市中医院工作30多年，以一颗平常心，兢兢业业地耕耘在护理工作岗位上，对她来说，护理工作早已融入她的生命，成为不可或缺的一部分。她的勤恳真诚，早已被刻画进她的一言一行中，就像呼吸一样自然；她的务实严谨，让繁复的护理工作处理起来如家常便饭一样游刃有余。她说，她喜欢安稳的工作，“不求丰功伟绩，但求问心无愧”，护理工作适合她。比起豪言壮语，徐老师这朴素的话语、这一颗平常心，似乎有一种可贵的真实的力量，令人信服。

徐老师说，护理工作从来都是辛苦的，但要做到无愧于心，又有哪个行业是可以轻松的呢？只有认清了这个现实，才能在工作中保持平常心，以良好的心态去面对每一个病患。凡事贵在坚持，特别是护理工作繁杂琐碎，年轻护士十分容易在日复一日的工作中失了耐心，没了斗志。徐老师说："平平淡淡才是真！病人能够好好康复，不再受病痛折磨，不正是我们最希望看到的吗？"为了这份美好愿望，徐老师对待每一个工作任务，不管再小再细，都能一以贯之地认真对待，从不打马虎眼、混日子。正是这种认真执着的精神，让平凡的工作也有了不平凡的光芒。

传承护理心，携手共成长

比起个人成就，徐老师带领的护理团队令她更为自豪。"我最欣慰的就是可以与大家一起成长，我们团队是最棒的！"徐老师从 1996 年调任心血管病房副护士长、护士长，目前负责管理 3 个病区的 28 名护士。她重视护理质量和团队建设，做到每天深入病房了解病人的病情，检查护理措施的落实情况；每月召开护士大会，分析讨论护理质控、医疗安全中存在的缺陷和隐患，寻找原因，提出整改措施，并进行持续质量改进。近 10 年来，心血管病房护理组无差错事故发生。她带领的护理团队工作高效、优质，至今保持着零纠纷、零投诉的纪录，病人满意度高于 95%，曾获得 2012 年护理质量一等奖、2013 年全院品质管理二等奖、2013 年护理质量三等奖、2014 年市优质护理示范病区、2014 年护理质量三等奖等诸多荣誉。

一个优秀的团队，肯定有一个了不起的团队负责人。徐老师一说起她的护理团队，总是露出幸福的微笑，她说，在她的团队中，每一个人都很可爱，都

很认真。这个和谐友爱的团队，似乎有一种魔力，哪怕是暂时代班的同事也来了不愿离开。曾经有几位护士，要调离到其他科室去工作，临走的时候红着眼眶跟徐老师说舍不得离开。徐老师还劝慰她说："在哪里都是工作，只能说那个岗位更需要你，如果将来有机会回来，我随时会敞开怀抱欢迎。"说这些话的时候，徐老师忍着眼泪，其实她的心里是多么的不舍啊！

徐老师除了有人格魅力，在管理上，也有自己的方法和风格。她坚持以理服人，以宽容的态度耐心地帮助、教育护士，还经常给予口头表扬，调动护士们工作的主动性和积极性，营造科室护士互相关心、互相帮助的工作氛围。徐老师经常跟护士们说，遇事首先要能承担，主动去解决问题，而不是推诿。某一次，徐老师去病房检查，发现有位病人的留置针上没写穿刺时间等，她首先是去确认事情原委，不盲目，不错怪，再当面向当事护士指出错误，要求她加以改正。徐老师认为，共勉之所以好过责怪，在于既提高了别人，也激励了自己。

常怀感恩心，谱写医患情

徐老师是一个感性的人，说起病房里的生离死别她总是会泪眼汪汪。曾经有一位 30 岁左右的年轻女教师，血管因畸形突然破裂，CT 显示大面积脑出血，经抢救无效死亡。当时病人的儿子只有四五岁，在床边哭着喊着要妈妈，孩子的哭喊深深触动了徐老师的内心，她轻声安慰小朋友和家属，让这个沉痛的家庭感到一丝温暖。

正是感怀于生命的易逝，内心柔软的徐老师在日常工作中也常尽力帮助病人。有一次徐老师刚走到医院门口，发现一位老奶奶跌倒了，她立即三步并作两步走上前去，把老人扶起来送去急救。后来才知道老奶奶患有阵发性房颤，如果不是徐老师及时发现送去急救，后果不堪设想。这一次的经历让老人心存感激，她把徐老师视作救命恩人，更从此与徐老师结下了不解之缘。自此以后，老人每次病情发作，都只认徐老师一位护士，徐老师说，病人的信任和感恩让她心里特别温暖，觉得再累都是值得的。愿善良温暖的徐老师也被温柔以待！

徐景霞：付出是满足，给予是快乐

人物名片：

徐景霞，副主任护师，曾工作于衢州市中医院，现任杭州市儿童医院内一科副护士长。在衢州市中医院工作期间，被评为衢州市直卫生系统优秀护士、衢州市先进女职工，多次荣获衢州市中医院文明职工、先进工作者等荣誉称号。来杭工作后，她多次被评为院先进工作者，连续多年考核优秀。曾在《护理学报》《中国预防医学杂志》等杂志上发表论文数篇，主持、参与市级课题3项。

人生格言：

阳光总在风雨后。

儿时的梦想，不懈的追求

一顶燕尾帽、一身白大褂，还有一张亲切的脸庞，这是徐景霞老师儿时对护士的美好印象，她幼小的心灵里有一个梦想，就是成为一名“白衣天使”。报考志愿的时候，徐老师的父母也非常支持她填报护理专业，就这样，她如愿走上护理这条路。从学校毕业后，她顺利地进入衢州市中医院工作，能够帮助病人解除痛苦、维护健康，这是令她多么自豪的事情啊！她打心底认为这是一份很有价值的工作。经过几年的努力，她的工作得到了患者的肯定和同事的认可，先后被评为衢州市优秀护士、衢州市先进女职工等。2004 年，她担任了衢州市中医院内儿科护士长。

人生的路上总会面临一些选择。2009 年，由于爱人工作调动，徐老师只好放弃了原来的工作和护士长的职位，跟随爱人来到杭州。当时，她选择了尚在筹建中的杭州市儿童医院，重新从一个普通的小护士做起。由于在此之前她已经有近 20 年的工作经验，加上徐老师自身的努力，短短 2 年时间里，她年度考核获优秀，还被评为先进工作者、安全护理标兵，2011 年她担任了内一科代理副护士长，2013 年任内一科副护士长。

做好表率，提高自我

成功路上离不开汗水，离不开勤奋和坚持。徐老师说，从护士到护士长的过程，是一个进步的过程，更是一个挑战的过程。到了一个新的阶段，对自己的要求就会更高，并且在不断努力的过程中，也日渐变得更成熟。

一直以来，徐老师始终把护理安全放在第一位，努力提升护理质量。她每天坚持和科室护士一起做晨间护理，和护士们一起床头交接班；参加每天科室里的医嘱查对；关注危重患儿的护理质量。作为一名护士长，她还注重带好整个护理团队，提高团队的凝聚力和战斗力。她对自己严格要求，以身作则，起好表率的作用，并尽力处理好每一件事情；在督察科室护士工作的同时，调整好护士的情绪，调动大家的积极性，使她们体会到自己的价值。她和科室的小伙伴就像朋友一样友善相处，尊重每一个护士的想法，她就像一只领头雁，带着科室的护士姐妹们朝着呵护宝贝健康的目标前行。

徐老师说，要胜任护士长，除了要有扎实的理论知识和过硬的操作技能，

还需要具备良好的组织协调能力、管理沟通能力，要妥善处理好各层面的关系。虽然执业多年，但徐老师还是坚持一步一个脚印地提升自己的业务能力，始终保持与时俱进，适应社会发展的需要。她从最初的中专学历，通过自学考试，先后获得了护理大专、本科学历。在工作中，她也非常注重把一些思考进行深化研究，写成论文。功夫不负有心人，在我们去采访之前，徐老师刚刚通过了正高的统考。她告诉我们，在之前的自学考试过程中，她不知不觉养成了很好的学习习惯，掌握了有效的学习方法，现在自己的收获与花在书本上的时间是成正比的。

撒播爱心，收获快乐

徐老师说，在儿童医院工作，跟小朋友们在一起是最开心的，看到一个个患儿健康出院，看到一张张小脸上绽放笑容，也是作为一个儿科护士最有成就感的时刻。同时，她也说，与成人医院不同，在这里工作首先要具备爱心。今天，我们给予小朋友爱心，将来他们也会成为一个有爱心的人。

徐老师和我们分享了一件很暖心的事情。之前，有一位小患者家境不是很好，再加上看病的巨大花费，使原本拮据的生活更加困难。徐老师就发动科室里的小伙伴一起为那位孩子捐赠了一些生活用品和衣物，给这个非常需要帮助的家庭送去了温暖。孩子的父母对徐老师她们的善举感动不已，连连说“真是没有来错医院”。徐老师说，为患者做一些力所能及的事，给孩子一份温暖，这样家长也会肯定我们的工作，放心地把孩子交给我们。

回首自己的护士生涯，徐老师最大的体会是：累并快乐着。举个例子，医院里经常会有半夜来抢救的病人，护士接到紧急电话后，马上就要赶到医院投入抢救，有时候甚至是从半夜一直抢救到早上，然后拖着疲惫的身体回家，有的则需要继续守在病人的身边。徐老师开玩笑说，对护士们来说，能在家睡个踏实觉都是一件很奢侈的事。不过，一想到自己的劳累能换回一个生命，再累也是值得的。这就是身为护士的使命感与神圣感！

郭海珍：责任在心，担当在行

人物名片：

郭海珍，主任护师，1984年从杭州市护士学校毕业分配到医院工作，至今在护理岗位上已工作了整整32个年头，现任杭州市肿瘤医院护理部主任。在《护理与康复》《护理学报》《中国实用护理杂志》等杂志上发表论文多篇，主持、参与省市级课题3项。

人生格言：

用简单的心去对待每一个人，收获总会满满的。

救死扶伤，当为己任

年少时郭老师就患有支气管哮喘，她的母亲觉得她体质比较弱，就让她去读了杭州市护士学校。一来将来分配工作的时候，可以留在杭州，如果分配到别的城市，她的母亲不方便照顾她；二来学了护理后，可以凭自己的医学知识照顾好自己。郭老师坦言，当时年少懵懂，并不是为着崇高理想而学习护理，仅仅是为了这点朴素的理由。参加工作以后，她对护理这个职业的认知才慢慢发生了变化，对自己的工作有了更为深刻的理解。当同班同学去做了校医或转行做了别的职业时，她没有羡慕，她觉得她就适合“一成不变”地在医院工作，这里有她热爱的护理事业。

在与肿瘤患者的接触中，他们对病痛的焦虑和对生的渴望都深深地刻在了她的心里，他们除了面临“尊严恐惧”“社交恐惧”“账单恐惧”之外，还存在另一种在死亡线上挣扎的“就医恐惧”。原本壮硕的一个人，患上癌症后，随着病情的不断发展，治疗效果也会越来越差，最后可能将患者折磨成瘦骨嶙峋的一个人，这时候，患者和家属会感到特别无助。在这里，与死神的搏斗时刻在发生，患者那颗焦躁、忧虑、恐惧的心需要有人去抚慰。郭老师觉得，医护人员有责任来帮助他们。不是为了耀眼的光环，不是为了奉献而去奉献，只是因为这个职业是真的需要有人去做，这个世界需要有人去救死扶伤、抗击病魔。她说，尽自己的力量为病患做一些事，帮助他们减轻痛苦，获得希望，这就是她定义的奉献，也是她从内心深处认为的职业的崇高感和使命感，这样的奉献是有价值的，她愿意为了这样的事业奉献一生。

责任在肩，砥砺前行

杭州市肿瘤医院的前身是杭州市第四人民医院，是一家综合性医院，郭老师在内科工作了10年之久。她觉得自己沉静、内敛的性格适合在相对而言比较井然有序的科室工作。随着肿瘤患者的不断增加，医院成立了肿瘤科，2000年的时候，郭老师担任了肿瘤科护士长；2005年，因工作需要，担任护理部副主任；后来又被任命为护理部主任。医院也在2011年由一家综合型医院转型为肿瘤专科医院。

从临床护理岗位一步步走上护理管理岗位，郭老师觉得肩上的责任一点点在加码。当一个普通护士，只要有责任心、技术过硬，其他都不是问题。但管理岗位就不同了，不仅是个人要成长，还要管理和带领整个科室或部门的发展。郭老师笑着说，刚开始当肿瘤科护士长的时候，因为从来没有学过管理学，一点经验也没有，感到压力很大，一下子瘦了好几斤。以前做护士长的时候，很怕半夜接到电话，现在当了护理部主任，就更怕了，因为半夜的电话肯定是突发事件。虽然这是郭老师的玩笑话，不过，郭老师认为，要做好一份工作，是要花心血，要付出比别人更多的努力的。有压力才会有动力，她的责任感驱动着她继续踏踏实实地干下去，以高度的责任心，对医院负责，对同事负责，更是对广大患者负责。

宽容谦虚，笑迎挑战

每年一批批的护士进来，新鲜的血液使整个护理队伍更有活力。她感慨，选择这个职业并坚持走下去的人，都是不容易的。这个工作责任大，压力也大，有经验的老护士还好一点，新来的护士出现情绪波动是很常见的。工作两三年是个坎，过了这个坎之后，随着工作经验的积累和对护理这个职业认识的加深，工作也慢慢带来了成就感，那么真正选择离职的护士也就少了下来。她说，作为一名护士，首先要有爱心和同情心，其次要有一颗强大的心，敢于挑战，特别是感到有压力的时候，也是提高自己能力的最好时机。郭老师说，每当她完成了别人完成不了的操作或做不了的事情时，她就会有成就感，因为这代表了在这方面，她比别人行。那么，要做到比别人行，就要努力提高自己。这么多年来，不断获得的成就感成了她独特的“减压方式”。

郭老师想对护士们说，无论是做人，还是做事，希望大家谨记两句话：一句是“退一步海阔天空”，另一句是“山外有山，人外有人”。这两句话就是告诉我们，一是要做一个懂得宽容的人，在护理患者时，在与护士兄弟姐妹相处时，在与医生配合中都是如此。患者的痛苦，我们虽然不能感同身受，但要理解他们的苦楚与不易，即使患者有过激的言语，我们也不能针锋相对，而是应该心平气和地解释和抚慰；在与同事相处时，要有包容心，宽容他人，也是宽容自己。二是要始终抱着谦虚的态度，三人行必有我师，学习永无止境，学会学习他人的优点，虚心请教，技术和水平永远都有提升的空间。工作是如此，生活亦是如此，做到这两点，她相信，不会有做不好的事，也不会有相处不好的人。

黄赣英:在没有硝烟的战场上无私奉献

人物名片:

黄赣英,主管护师,杭州市第一人民医院急诊科副护士长。曾荣获杭州市第一人民医院院级优秀护士、优秀党员、优秀带教老师,杭州市卫生系统局级优秀党员,杭州市“百家千优”健康卫士,杭州市优秀青年岗位能手,浙江省优秀护士等称号。在《中国现代医生》《临床护理杂志》《护理学报》《护理与康复》等杂志上发表论文数篇。

人生格言:

没有你,我很好;有你,我会更好。

有人说,医护人员就像是战士,每天在没有硝烟的战场上,与疾病和死亡搏斗,维护生命健康。自2005年毕业至今,黄赣英一直在杭州市第一人民医院急诊科工作。她用长在心底的善良、刻进命里的坚强,用热情和行动,践行着救死扶伤、关爱生命的南丁格尔精神。通过自身的努力,不断成长,面对危重病人,她独当一面,沉着冷静地抢救,在平凡的岗位上为护理事业奉献自己的青春。

选择没有硝烟的战场，有喜悦有遗憾

当年，在家人的一再建议下，黄赣英老师填报了护理专业。大学四年，她勤奋好学，扎实地掌握了专业知识与技能。大学毕业后，她就被分配到了急诊科工作。急诊科的工作长期处于繁忙沉重的状态，且对专业知识的要求更全面。对此，初出茅庐的黄老师不仅没有慌乱、没有抵触，反而抱着随遇而安的心态，认认真真地对待，大学期间扎实的专业知识储备也给了她自信和底气。当与她同一批进来的同学纷纷转科的时候，她还是选择留了下来。

急诊科的工作繁杂忙乱，风险极高，但她始终踏踏实实、恪尽职守。救死扶伤不仅仅只是那在岗的 8 小时，而是时时刻刻。所以，只要科室一个电话，无论在哪里，无论在做什么，她都会立马赶到医院投入工作，这样的来回已然数不清次数。院级优秀护士、优秀党员，局级优秀党员、“千优”健康卫士、青年操作岗位能手……这一个个荣誉，都是对她工作的肯定。但面对这些成绩，她很淡然，她说，是生命对她眷顾，才赋予她这样艰巨的使命。就像南丁格尔说的，用真诚的爱去抚平病人心灵的创伤，用火一样的热情去点燃患者战胜疾病的勇气。

作为一名护士，黄老师无疑是优秀的，但作为妈妈的女儿，黄老师是“不合格”的。因为工作原因，她不能时刻陪伴、照顾生病的妈妈，以致留下终生的遗憾，提到这些，她潸然泪下。除夕夜，当窗外爆竹声声，家家户户团圆的时候，黄老师和她的伙伴们还守在急诊室。在这个没有硝烟的战场上，她们无私地奉献着，为的就是让更多的家庭幸福、团圆，她们是维护人类健康的美丽使者！

以天使之心，无私奉献

急诊科是危重病人集结地，经常上演与死神的赛跑。日复一日的工作，黄老师早已习惯了这种精神紧绷、争分夺秒的工作状态。她明白，每一次分秒必争地抢救、治疗的背后都是对生命的尊重和敬畏，哪怕再苦再累她都要坚持下来。黄老师把自己对生命的热爱，融入护理工作的每一个对象、每一个细节之中。

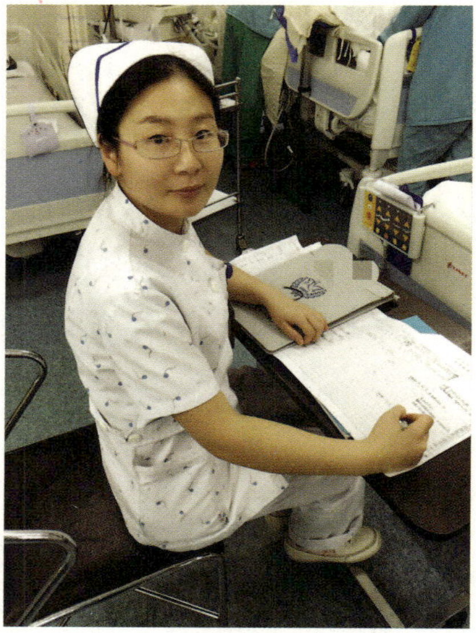

在2014年杭州"7·5"公交纵火案烧伤病人的救治中，黄老师作为科室的青年骨干，接到电话后第一时间赶到医院投入抢救，面对扑鼻而来的焦味和血肉模糊的病人，她没有一丝含糊，开通静脉通路，清创用药，紧急处理稳定后，随车护送至专科医院。看到患者稳定，是对她最大的激励。因为烧伤病人人数多，专科医院护理人员紧缺，黄老师毅然接受杭州市卫生局的委派任务，到浙江大学附属浙医二院烧伤病房参加病人后续救援工作。在那里，她负责护理的是一位大学老师，脸部、背部、双手、大腿多处烧伤，必须做气管切开使用呼吸机，并做留置胃管、深静脉导管等处理，需要进行多次植皮手术。因为病情重，沟通困难，护理难度显得更大，特别是每次使用翻身床翻身时，不仅耗体力，更担心翻身时各管路是否安全，面对病情如此重的患者，连续12小时的高强度工作要求她精神必须高度集中。她积极鼓励患者，给他播放喜欢听的音乐，为的是不让患者心理留下创伤。但是面对如此严重的病人，交流非常困难。于是，她运用拼音法，耐心地拼写出患者表达的意思，尽全力满足病人的要求。在她的精心护理下，患者康复出院，她顺利完成护理任务，受到杭州市卫生局、浙二医院和市一医院领导的一致好评。

在急诊科工作，会遇到各式各样的病人。每当黄老师看见急诊室里有小孩子或是年迈的老人，她都会在治疗时紧紧握住他们的手，给予他们勇气，让他们在这冰冷的病房里也能感受到一丝温暖。她强调细节护理，非常注重维护患者的尊严。许多患者都是终末期，有癌症晚期痛苦挣扎的，有消耗性疾病末期喘喘将死的，在他们的床边，经常会看到她的身影，她会给予患者安慰和鼓励，希望他们从她的微笑中得到支持。她说过，在护理工作中，除扎实的技能外，更需要的是热忱的心和对生命的敬畏。

记得有个老奶奶有点老年痴呆，她的家人不管她，她腹痛，独自一人来急诊看病。黄老师不仅帮助她挂号、配药、解决吃饭问题，而且当老奶奶大便解了一身时，黄老师毫不犹豫地打来一盆热水，帮老奶奶擦洗干净。当时，老奶奶拿出本子让她签名，说是要把她的名字记住，感谢她所做的这一切。急诊科病人鱼龙混杂，许多患者没有家属陪伴，比如醉酒倒地被120送入急诊吐得一塌糊涂的，靠捡垃圾为生的流浪者生病倒地的，等等，她毫无怨言地帮助救护及卫生处置；在危重患者床边拍片时，正在做气道护理的她不畏惧X线，只为患者的安全……这样的事例不胜枚举，对于她来说，这只是一些平凡小事。

怀着谦卑的心，走在学习创新的路上

急诊室的工作让她成长、成熟，让她学到了许多在书本上难以学到的知识，更让她体会到了自身工作的价值和意义。工作以后，她通过不间断的理论知识和操作技能学习，在2013年杭州市卫生系统岗位技能大比武中，取得护理技能操作比赛团体一等奖和个人第一名，荣获“杭州市优秀青年岗位能手”

称号。

作为一名护理人员，她深知，救护更多的患者，缓解他们的病痛，需要扎实的医学护理知识、护理技能及急救技能，在急救护理领域，还有很多值得她学习、创新的地方。为此，她不断钻研学科知识，积极撰写论文，发表了多篇文章，其中以第一作者发表一级论著 1 篇，二级期刊论文 2 篇，省级期刊论文 1 篇，并开展了多个研究课题。

她是急诊科的临床总带教，承担着低年资护士、实习护士、见习护士的各种带教重任。在带教工作中，她竭尽所能把自己所知道的毫无保留地教给他们。因为她知道，护理事业需要更多的传接棒，只有拥有精湛的技术和扎实的知识，患者的安全才更有保障。作为科室年轻的主管护师，黄老师及时发现科室存在的安全隐患，主动申报不良事件，积极和护士长、高年资护士讨论分析，进行持续质量改进。作为圈长，她和同事们一起开展品管圈活动，并多次和兄弟单位进行交流，使自己的品管能力得到提升。在后期开展的深静脉意外拔管活动中，由她带领的团队自行设计的防意外拔管手套，在 2014 年杭州市品管活动竞赛中获得了一等奖，体现了青年人的创新和创造力。

作为副护士长，黄老师用真心和汗水去认真履行自己的职责。面对病情严重的病人，经验不足的护士更加容易紧张和出错，黄老师每次都耐心地教导他们，积极鼓励他们，也时刻关注着病人的病情，掌握第一手资料。她不仅关心爱护科室里的人，也常常思考如何引导科室向更好的方向发展，如何引导护士的工作做得更加到位和优秀。不论是自己负责的病人还是别人主管的病人，哪里有需要哪里就有她的身影。在平凡的护理岗位上，她二十几年如一日，尽职尽责，在业务上刻苦钻研，不为名利，勤勤恳恳，一步一个脚印地奉献着自己的力量！

戚国青：与生命赛跑，对社会尽责

人物名片：

戚国青，副主任护师，杭州市第三人民医院急诊科护士长。曾被评为院先进个人、杭州市卫生局先进个人、优秀共产党员。

人生格言：

一分付出，一分收获。

每天与生命赛跑

戚国青老师是1992年参加工作的，怀着对“白衣天使”这个称号的崇拜感，她投身护理事业。她热爱工作，从选择这个职业开始，就把它当作毕生事业来经营，把医院当成是她的第二个家，她忙碌的脚步就像与生命在赛跑……谈到急诊室的工作时，戚老师说，急诊室的一天就像消防员救火，哪里有“火”扑哪里。医院里的工作都是忙碌的，但急诊室的特点之一是没有规律，其他科室的病人都是“分门别类”的，但急诊室什么情况都有，而且每天发生的情况都不一样，病人的类型几乎涵盖了一个医院的所有科室。

早上，戚老师上班后的第一件事情是处理后半夜遗留下来的问题。急诊科分四个科室：急诊抢救室（EICU）、留观（住院）、病房和输液室。一般她会把抢救室和病房的病人先梳理一遍，熟悉、了解所有病人的病情，还要掌握特殊情况，如是否有生命体征不稳定的病人，是否有情绪不稳定的病人，以及是否有无法缴纳费用的病人等，这些都要了解。交好班后，她会逐一察看每张病床患者的病情及护理状况。有些时候，还没等她把这些事情处理完，120 救护车又送来了需要急救的病人，或者其他床的病人有突发情况，突如其来的事情根本容不得她按部就班地逐一处理，同时处理几件事对她来说是常态。

在急诊室工作，有时候还没来得及感叹生命的脆弱，她又得投入下一场生命的抢救。几年前，一位因车祸而骨盆碎裂的患者被紧急送院就医，当时患者大量失血，血液渗透了床垫并且连续往地上滴，在输血抢救过程中还在不断大出血，那时用纱布根本无法止血。在这种紧急的情况下，戚老师临危不乱，指导护士，配合医生，每个医务人员都各司其职，相互配合，最终成功挽救了岌岌可危的生命。真是一场惊心动魄的大抢救！所有人在救回患者生命的那一刻，都长长地松了一口气。在急诊室，这样的事情时有发生，医护人员风风火火的脚步，仿佛在与生命赛跑。

为了社会责任，尽职尽责

戚老师说，市三医院地处火车站附近，每年元宵节过后，就会来很多肺栓塞的病人，而这个病的死亡率是很高的。这些发病的病人多是外地人，回老家过年后又返回杭州。他们有的来自很穷的地方，因为舍不得花钱去买卧铺票，就买站票，一站就几十个小时，而且不吃不喝（因为喝水后就要上厕所，一走开位置就没了），长时间不动导致血液黏稠度很高。一下火车后，当人体开始活动，就容易形成肺栓塞。每年的元宵节前后都是这个病的高发期，有一天一下送来 2 个这样的病人。当时，除了上班的医护人员，住得离医院近的人也被要求立即赶来，戚老师几乎把整个科室的人都叫来进行抢救，后来这两个病人成功脱离危险。病人家属赶来后，真是千恩万谢，对他们感激不尽，回忆起当时的情形，戚老师很开心，心里有满满的成就感。

医院里还有些“无主病人”，通常是外地到杭州来流浪的，没有生活能力，只能流落街头，靠乞讨为生。像这样的病人，又脏又臭，身患多种疾病，有的还是重病，家属又联系不上。戚老师说，对待这些病人，不光是身体上要给他们治疗，心理上还要照顾他们。医院里好多护士都是自掏腰包，早上买面包、买牛奶给流浪病人吃。她说，类似这样的事，对外界来说是鲜为人知的，但在她们自己看来已是很平常的了。她们默默无闻地尽一些力所能及的责任，不图回报，这些都体现了她们高度的社会责任感，平凡但值得尊敬。

急诊室虽小，但包罗了人间万象，戚老师也目睹了形形色色的人生。前不久，有一个小姑娘高考失利后思想包袱太重，想不开，最后得了抑郁症就跳河了，幸亏抢救及时才挽救了生命。还有一个男孩子要考托福，他的母亲白天睡觉，晚上陪儿子看书，日夜颠倒地陪着孩子复习，简直比孩子还紧张，班也不上了，最后累出了病。无独有偶，曾经有一个十七八岁的男孩子，也是高三的学生，看起来非常阳光。但可能因为压力太大，再加上本来身体就不是很好，不小心猝死家中，尽管医生、护士全力抢救，但还是没有抢救过来，非常遗憾。孩子没了，父母哭得几近绝望。可怜天下父母心啊！说起这些年轻的生命，戚老师的眼睛里泛着泪光，她说，生活肯定不会是一帆风顺的，社会也有它残酷和令人无奈的一面，但每个人都要珍爱自己的生命，让自己成为一个有责任、有担当的人，才能无愧于亲情，才能成为一个真正对社会有用的人。

龚晓梅：默默奉献，不计回报

人物名片：

龚晓梅，副主任护师，杭州市老年病医院护理部副主任、感染管理科副科长。在黑龙江省逊克县人民医院工作期间，曾获黑河市优秀医学工作者称号、黑河市护理行业岗位技术能手竞赛优秀奖、县级“十大杰出青年”提名奖，连续多次获得县级模范工作者、优秀共产党员等多项荣誉称号。在杭州市老年病医院工作期间，连续4年被评为院级优秀管理干部。从事护理工作20余年，先后发表护理方面论文5篇，论著1篇。

人生格言：

时时尽心尽力，常常自律自省。

以从事老年护理为骄傲

龚晓梅老师是地道的北方女子，却有着南方女子的温柔与细腻。一次偶然的旅行，她被杭州这座城市深深地吸引住了。于是，她和丈夫决定从北方举家迁至杭州。一个是护士，一个是医生，两人为了共同的信念和追求走到一起，相互扶持，共同奋战在医疗战线上。每到节假日，当大家欢聚一堂、其乐融融的时候，他们夫妻俩还在医院里奔忙着，然而他们从未有过怨言。

在到杭州市老年病医院之前，龚老师曾经在妇产科、内科当过护士，但在老年病医院从事护理工作却是她感悟最深刻的。在龚老师看来，老年护理是一个朝阳产业，今后对这类人才的需求还将进一步扩大。随着人口老龄化的不断加剧，老年护理这项曾经不被重视的工作已浮出水面，也逐渐受到社会的重视。繁忙的城市里，子女们忙于工作和学习，缺乏时间照顾老人，随着老年人口比例的逐渐增大，社会压力还将日益加重。今后，像杭州市老年病医院这样医养结合的医院或养老机构还会增多，相关护理人才会出现严重缺口。

从事老年护理是一件很辛苦的事情，但必须有专业的人来做这样的事。对于照顾老人，龚老师认为需要具备"五心"，即关心、爱心、专心、耐心和细心。她跟我们提到，其实照顾老人不仅需要丰富的专业知识，而且需要具备熟练的操作技能和丰富的临床经验，除了治疗生理疾病，精神上的关怀也是必不可少的。作为老年病医院的护士，要在心理上给老人更好的照顾，更好地去理解他们，站在他们的角度思考问题，要用心去倾听他们的喜怒哀乐，让他们感受到家一般的温暖。

默默奉献，真诚关怀

龚老师从一点一滴的小事做起，默默地奉献，不计回报，老人和家属们的信赖成为她工作的动力。"只有去真心关爱他们，理解他们，才能在相互交流的过程中得到信任。老年人也是有童心的，有的老年人特别喜欢某个护士照顾，他就会像孩子一样依赖你、信任你。"龚老师说，"可能他的一个眼神，你就知道他可能哪里不舒服了，想要喝水了，还是想要上厕所了，或是等待家人等

得焦急了。”在龚老师的印象中，有位刚入院时只有 50 多岁的病人，非常开朗乐观，也很喜欢和护士们交流，每个护士的名字都能叫得出来。但后来这位病人随着肌肉萎缩的加剧，到现在已经不怎么能讲话了，见到护士时只能笑笑，这类病人被称为“渐冻人”，也就是医学上的肌萎缩侧索硬化症。看到他清醒地看着自己各项机能一点点地衰退下去，护士们和家属一样，也是心如刀绞，在积极治疗的同时，大家都给予他最大的温暖。因为多年来对老年人的照顾，龚老师已能够读懂老年人无声的语言，不需要过多的言语，老人们已经感受到她的关怀和爱。

从事这份工作，龚老师也从中收获了爱和感悟，家属感恩的话语和老人们感激的眼神总是让她倍感欣慰。“有个 80 多岁的老爷爷，他的老伴每天都会来看他，风雨无阻。每次老奶奶走的时候，老爷爷的手都一直抖，对他的老伴依依不舍。”想起这个老爷爷，龚老师眼眶有些湿润，她说，“能见证这样一种感情，也是一种骄傲。谁都会老去，当我们老的那一天，应该无悔自己这一生。”

龚老师坦言，刚开始工作的时候也觉得蛮辛苦的，但是工作了这么多年，已经不想离开了。老年人需要专业医护工作者，社会也需要越来越多的人投入老年护理这个职业。对龚老师而言，这份工作的价值或许已远远超过救死扶伤本身，她和她的伙伴们一起，守护的是一个生命走向尽头时的尊严。

让慎独成为一种习惯

对于如何做一名优秀的护士，龚老师说，首先要做到两个字——“慎独”。不是所有人都可以做到慎独，但慎独却是必需的，它是衡量一个人道德水准的试金石。她说：“比如上夜班的时候，你是隔一个小时还是隔三个小时观察、记录一次，只有你自己心里最清楚。虽然不会时时有人监督你，但自己要有在无人监督的情况下也把工作干好的要求。干一行就把这一行做到最好，也许不是每个人都能在这个行业里干一番大事业，但要做到问心无愧，做到自己心中的最好。护理人员的工作需要慎独精神，其实各行各业都需要具备这种精神。”

“靠别人监督，你一定是做不好的，只有靠你自己自觉，才能把工作做好做实。你们在学校里读书也是同样的道理啊，读书不是靠老师、父母监督，你们要有自己的追求和实际行动。”龚老师笑着对我们说。她希望护理专业的同学们，在校期间要练好基本功，掌握比较全面的知识结构，要有长远的眼光和高尚的志向，将来为老年护理事业奉献自己的聪明才智。

章建芳：心系病患，情暖人心

人物名片：

章建芳，副主任护师，从事护理工作20余年，担任过急诊室、消化科的护士长，现担任杭州市肿瘤医院ICU护士长，曾被评为“杭州市百名优秀护士”。曾在《中国实用护理杂志》《中国基层医药》等杂志上发表论文数篇。

人生格言：

用心对事，用情待人，用行履职。

玉琢成器，天道酬勤

章建芳老师小时候，有一次得了中耳炎，护士给她打针的时候她感觉很疼，年幼的她暗暗下决心长大以后要成为一名护士，做一名能减轻患者疼痛的护士。章老师的姐姐也是一名护士，一次偶然的机会，章老师跟在姐姐后面看她工作，看着姐姐戴着护士帽忙碌着，跟病人亲切地交流，她的眼里满是羡慕与崇拜，那时候她就想着，她的归宿就在这里。后来，章老师真的成了一名护士，她也真正体会到了做护士的辛苦。对此，章老师自己总结了一句经典的话——“护士就是上得了厅堂，下得了厨房，修得了电脑，管得了病房，上得了夜班的全能女汉子！”

护士的工作强度和不规律的工作时间让许多护士转行另谋职业，章老师的身边也不乏这样的人。但她认为，每一行有每一行的辛苦，要做好都是不容易的。正所谓“有善始者实繁，能克终者盖寡”，章老师没有想过放弃护理事业，她努力适应这样的工作节奏和环境，默默地在岗位上奉献自己。

回想职业生涯，她成长的道路也不是一帆风顺的，从初出茅庐到行家里手，她也有过失误，也流过眼泪。回想第一次因工作而流泪，她至今记忆犹新。那时她还在浙江省中医院急诊室实习，平时工作积极又勤快的她看到一袋药液已经贴上标签，而且输液皮管、注射用具等各方面都准备好了，就主动把药液给病人输上了。后来带教老师狠狠地批评了她一顿，原来那袋药液实际上还没有加药。“好心办了坏事”的章老师心里觉得十分委屈，哭着鼻子从办公室走了出来。碰巧的是，那天她的父母来看望她，想看看小女儿穿白大褂的模样，正好看到这一幕，父母的安慰让她内心更是百感交集。但是从那次以后，章老师牢牢地记住“三查七对”，做事愈发仔细。多年以后回想起这件事，她感谢当时带教老师批评了她，让她及时认识到自己的错误，尽管是一个小失误，但对她的影响是深远的。20 多年过去了，章老师还常常把这件事情说出来教育后辈，因为懂得反思才会成长。她说，要成为一名优秀的护士，操作中胆子要大，但心思要细，该出手时要出手。

工作之余，章老师努力提高自己的学历层次，以适应新形势的需要。由于工作中表现出色，2012 年她被评为“杭州市百名优秀护士”。章老师说，与其抱怨辛苦，不如苦中作乐，让付出变得值得，也要学会体会辛苦沉淀下来的收获。她说，其实有时候护士并没有做一些很伟大的事情，也许只是一声关心的问候，也许只是一个温柔的眼神，病人就会对护士充满感激之情。反过来，病人的理解和感恩也会让护士充满温暖，让护士觉得再苦再累都是值得的。在她看来，笑着坚持，守护生命，甘于平凡本身就很了不起。

放低姿态，将心比心

对于刚进入医院实习或是见习的护士，章老师建议大家要放低姿态，摆正心态。章老师的科室里有个小护士，操作技术并没有特别突出，但是这位护士情商特别高，比如有时候打针没打进，这位护士就会赶紧道歉："爷爷，真是不好意思啊，我这针没打进去，真是对不起啊，我等一会儿再来给您打。"这时候病人心里觉得很舒坦："没事没事的，小姑娘，你不要急哦！你心平静一点，待会再来给我打。" 章老师说："语言沟通的技巧可以化解一半的矛盾。"但是事不过三，要把握好度。如果第二次还没成功的话，就要赶紧跟病人说："爷爷，真的很不好意思，我又没打进去。您别着急啊，我现在马上给您找我们科室里技术最好的护士给您打针！"如此，患者也不会过分怪罪你，因为你放低了姿态，没有多少人会对一个勇于承认错误的人过分指责的。这件小事情也让我们感受到，掌握语言沟通的技巧多么重要。

和谐的护患关系是需要大家去营造的。章老师说，作为一名护理人，自身要传播正确的信息，摆正对职业的态度。前段时间传得沸沸扬扬的医生被砍杀事件，章老师认为可能有多方面原因：医闹事件的发生，必然是多方矛盾综合作用的结果，一方面患者自身比较偏激，另一方面医护人员可能也有处理欠妥之处，最终才导致矛盾激化。而现在这些发生率很低的医闹事件却被媒体过度渲染，这要引起医护人员的深刻反思。她说："这些小概率事件从来都不是我们的主旋律，我们还是应该积极乐观地看待自己的工作。”

在肿瘤医院，无论是病患本人还是家属都承受着心理和生理的双重压力，巨大的人力、精力和财力的消耗，让他们几乎处于崩溃的边缘，他们的情绪难免焦躁。章老师说，作为护士应该做的是严格按照操作程序完成自己的操作，一定要理解病人，摆正心态，将心比心，对于患者和家属的抱怨、不满要耐心聆听，但不要厌烦甚至记恨他们。同时也要注意不要把不良情绪传染给其他人，让这些坏情绪止于自己，更不要激发患者及家属的焦躁的心态。章老师笑着说：“‘坏话’我们不要放心里，但病人及家属对我们工作的肯定和赞赏，我们要听进心里去，以肯定自己的工作成果。只有这样，我们护理人员才能怀揣良好的心态一步步向前走。”

章秋萍：幸福别人，温暖自己

人物名片：

章秋萍，主任护师，杭州市第七人民医院护理部顾问。在职期间主持、参与课题10余项；发表国家和省级论文10余篇，合著20余篇；获得市科技局、市卫计委科研成果三等奖各1项；参与《精神障碍护理学》编写，目前正在主编"精神、心理护理专科实践"丛书。

人生格言：

高度责任感是我们的天职，选择这个职业，就是选择了奉献！

虽苦却无憾

在精神护理领域工作了一生的章秋萍老师，是一位当之无愧的优秀护理人前辈。她1980年就参加工作，勤勤恳恳地从临床一线做起，回首这30多年的工作经历，她觉得虽苦却无憾。

在章老师的印象中，她在工作中也经历过不少挫折和磨难。精神科的护理有它的特殊性，绝大多数患者入院时失去了理智，这对于刚步入岗位的年轻护士工作难度会更大。记得有一次，章老师刚工作不到一个月，有位躁狂症患者入院，在为患者做安全检查时，突然被病人打了一个巴掌。当时她虽然有些委屈，但是在科室许多前辈的安慰和引导下，她不仅没有埋怨，反而认真反省自己的不足，她也深刻认识到服务好精神病患者需要有较好的技能和方法，这件事对章老师触动挺大的。精神病患者在治疗过程中，会受到药物的影响，导致出现不同程度的吞咽功能障碍。有一次，病人吃馒头不小心哽咽，导致呼吸不畅甚至出现了窒息，章老师和她的同事们准确评估病情，立即实施了抢救措施，最后成功帮病人化解了危难。章老师说，工作中不被病人理解是常有的事，有的时候患者由于受幻觉、妄想的影响，突然会出现攻击行为，这就需要护士具有敏锐的观察力，同时要求护士要有宽容之心。精神科护理虽苦，但苦中可以作乐。患者从缺乏自知力到恢复自知力，对护理人员的付出会心存感激，他们甚至会送上锦旗和匾额表示感谢。章老师说，这么多年来，她依旧对选择了这个职业无怨无悔，每次帮助了病人，都让她有了满满的成就感，也让她觉得护理这个职业能带给她的不仅是生活更加健康，更多的是心灵上的满足。

做一个“多面手”

章老师在担任护理部主任后，肩上的担子也比以前重了，但她总能把自己的工作安排得井井有条，忙而不乱。她每天都会制订一个合理的计划，并分清主要工作与次要工作。她说，只有自己心中有完美的计划安排，才能合理地统筹安排工作，从而使护理部的同事们都团结在一起，像嘀嗒运转的钟表，一丝不苟地严密运作。当然，在章老师心中，如今自己在管理岗位上，除了提升自己的护理技能外，更重要的是要善于洞察下属，不断提高人际交往能力和组织管理能力。在担任护理部主任期间，她常常反思、领悟，如何与更多的人更好地相处，如何管理团队，如何不断吸收新的知识，如何引导整个团队积极向上。责任促她成长，压力使她进步，她说，是这份工作让她成为一个懂业务、善管理的"多面手"，这也是工作带给她的收获。

学会觉察和沟通

精神科的护理总给人一种"危险"的感觉，毕竟精神病患者大多数不同程度地存在失去理智的可能，医护人员承担的风险也相对较大。一般人都会认为，从事这样的工作，肯定要受更多的委屈，然而，章老师并不认同这一观点。她说，精神科的护理侧重的是从心理学角度出发去管理和治疗病人，并和病人家属进行有效沟通，沟通技巧也跟其他医院是不一样的。精神科的病人需要护士们去发现病患的一些特殊情况，并对此做出护理诊断，并提供相应的护理措施。

对于如何从事精神科的护理，章老师认为，平时在进行护理工作之前，要对病人进行评估。这种评估与普通护理评估病人病情有所不同，精神科护理不仅要评估病人的病情，还要评估病人的精神状况。更重要的一点是，在评估过程中要学会观察，只有这样才能做到有的放矢地与各种不同的病人进行沟通，从沟通中把握病情，做到保护好病人，保护好自己。

见微知著，守正待时

在听了章老师对精神科护理的介绍后，我们觉得精神科护理似乎没有想象中那么恐怖，还对它产生了浓厚的兴趣。章老师告诉我们，精神护理需要对专业知识掌握了解得更深更熟练，并且还要学习一些其他的护理知识，比如心理学知识。想要成为一名优秀的护理人员，不能仅仅专注于学校教的那些书本知识，而要不断地拓宽自己的其他专业知识面，这样才能在将来的护理工作中发挥更大的作用。

章老师说，做护士工作，不仅要帮病人分担压力，而且要学会及时地缓解自己的压力，既然选择了这个职业就一定要学会承担，选择了这个医院这个科室就必须做好承担它所带来的一切负面影响的准备。章老师还送给在校护生们一句话——见微知著，守正待时。她希望同学们做那隐伏很久的鸟，到时候飞起来会飞得更高；如果做那开得很早的花，到时候也必然谢得很快。人只要能明白这个道理，就可以免除怀才不遇的忧虑，也可以消解急于求取功名利禄的念头。要想成就一番事业，就不能因为自己眼下处境、地位的不如意而丧志，不能因为时间的消磨而灰心。古往今来，功成名就者，有少年英雄，也有大器晚成。不管怎样，急于崭露头角就难以成气候，急功近利不足以成大事，急躁便容易患得患失，容易失望悲观。只有守正待时，善于抓住机会而又坚定志向，才有可能走向成功。

章赛春:真情关爱,快乐服务

人物名片:

章赛春,主任护师,杭州市儿童医院护理部副主任(主持工作)。曾在《中华护理杂志》《护理与康复》《中国实用护理杂志》等杂志上发表论文10余篇,参与编写《实用儿科护理》及国家卫生部医学视听教材《小儿肠道外全营养》等。

人生格言:

努力工作,快乐生活,珍惜身边的每一个人。

到2016年为止,章赛春老师在护理这个岗位上已坚守了整整30年。1986年,她从金华卫校护理专业毕业后,就来到浙江大学医学院附属儿童医院工作。仅8年时间,她就走上了护士长这一岗位,先后担任该医院普外科、骨科、烧伤整形科、脑外科和门诊部科护士长。2013年,她调任杭州市儿童医院,全面主持护理部工作。工作中,她的脸上总是挂着淡淡的笑容,笑容中透着坚韧与乐观,正是岁月赋予这位优秀护理人的魅力。

吃苦是福

人们常说,吃亏是福,但她总是说,吃苦是福。记得刚参加工作时,为了积累更多经验,她常常下班后还在科室里练习。因为不是本地人,在杭州生活很辛苦,但她从来不放弃,一边带孩子,一边努力提升自己。1993年,她利用业余时间去上了浙江医科大学夜大护理系,取得了大专文凭。然而她并不满足于此,她又参加了第一批本科自学考试,只用了两年半就取得了浙江中医药大学自学考试护理本科文凭。工作中,她总是充满激情和活力,从不计较个人得失,即使在生完孩子后,她也没有多作休息,尽早负责起了自己管理的科室。她的辛苦付出得到了大家的肯定,仅仅工作8年,她就成了护士长,这在医院里也是较少见的。

回忆过去,章老师从不觉得工作辛苦,反而认为有一份工作是一件很幸福的事。她常常以自己的妈妈为榜样,她的母亲那时候要带几个孩子,同时还要下地干活、做家务,比起自己的母亲,她觉得自己幸福多了。她总是那么乐观,即使在最辛苦的时候,依然对生活充满信心,她经常戏称自己是一个给点阳光就灿烂,特别容易满足的人。

我们每天都在享受天真

“从事儿科护理,每天接触的都是小朋友,小朋友都是很天真可爱的,我们每天都在享受天真,”章老师脸上露出灿烂的笑容,说,“这个是做成人护理享受不到的。跟孩子们打交道,每天耳边都萦绕着他们的欢声笑语,我们自然会保持一颗年轻的心,心态也会格外乐观。”护理工作确实辛苦,需要经常值夜班，工作压力也大。身边的一些同事离开了护理岗位，从事其他行业，但她却从未考虑过换工作，因为在她心里，护理工作就像自己的孩子一样，多年来已经倾注了很多感情，舍不得离开。

杭州市儿童医院的服务理念是“真情关爱，快乐服务”，章老师就是用自己的实际行动，不折不扣地执行这一理念。她始终觉得，只有对病人付出真心，才能得到快乐。章老师带领的整个工作团队都比较年轻，这不仅仅体现在年龄上，更多的是体现在心态上。再加上近几年，医院的文化建设不断深入人心，医护人员整体的工作状态和精神风貌都非常好，有些年轻的护士上班时没有时间，下班了还会去病房和小孩子玩一会儿。护士们都是真心地喜爱每一个孩子，像妈妈一样关怀他们，也正因为如此，家长对护士的认可程度也越来越高。章老师认为，孩子的健康是一个家庭幸福的基础，为了孩子天真的笑容和一个家庭的幸福，她们都愿意在这个岗位上默默奉献自己，就算再辛苦也是值得的。她们坚信，爱出者爱返，福往者福来！

管理是严肃的爱

从管理者的角度来看，章赛春老师是一个对己、对他人都严格的领导。在她的管理理念中，管理是对他人负责任，严格也是一种“爱”。护士这份工作需要严谨的态度，只有按规矩办事，严格执行操作，才能建立良好的工作习惯，严格的管理本身也能促进一个人的成长。在她看来，对于自己从事的工作，有时不能仅仅是看成工作，而要把它当成一份终生为之奋斗的事业。

当你决定踏入这个行业的时候，不要有“做一天和尚撞一天钟”，过几天就改行的想法，长期来看，这样肯定是做不好的，即使换了其他工作，也未必能干得出色，因为工作态度和习惯是一以贯之的。反之，护士工作能做得很好，那么离开护理岗位以后，做其他任何一项工作也可以做得很好，因为好的职业习惯已经养成了。尽管对待工作很严格，但平时，她跟同事们相处都是和和气气的，即使去科室检查工作，她也是平心静气地指出他们工作中的不足之处，然后教他们如何改进，而不是用声色俱厉的方式去批评一个人。她常说，授之以鱼不如授之以渔。她也非常注重换位思考，时刻为护士们着想，常常站在护士的角度，思考适合新时期护士特点的管理、教育和引导方式。

经营人生，打造自己的人生品牌

章赛春老师非常看好护理这个职业的前景，她也希望在校护生在学好自己的专业知识的同时，能加强其他方面能力的培养。特别是有条件的情况下，多去医院看看，多多实践，工作以后要有所规划，学会经营自己的人生。她说，经营人生，就像经营一家公司，前十年要打造属于自己的人生品牌，不要觉得现在自己拿 3000 元工资就只做 3000 元的事情，这样的人生品牌等于零；如果拿 3000 元工资却做着 5000 元的事情，那么自己的人生品牌就增值了 2000 元。把护士工作当成“工作”还是当成“事业”，其结果是截然不同的。在护士队伍中，有一个常见的现象：有的护士升到中级职称以后，再升副主任护师就比较难，在这个尴尬的阶段，有的人就觉得自己的人生失去奋斗目标了，进而产生了职业倦怠，可能工作上也表现得不够积极。对此，她认为，在巨大的压力下，要学会寻找快乐，寻找工作和生活的平衡，关键是不能丧失信心，要沉住气慢慢地积累，努力实现自己的奋斗目标。当然，成功的人生从来不是只有一个模式，无论是工作还是生活，都要找到属于自己的快乐源泉。

葛芳:做一名快乐的护理人

人物名片：

葛芳，副主任护师，杭州市中医院针灸康复科护士长。全国中华中医药学会外治分会委员，浙江省护理学会康复护理专业委员会常务委员，浙江省医学会物理医学与康复学分会护理专业委员会委员，杭州市护理学会中西医结合护理委员会副主任委员，杭州市针灸推拿学会中医适宜技术护理专业委员会秘书、常务委员，杭州市中医药协会中医针灸康复分会委员，杭师大医学院健康护理进社区指导老师，杭州市健康教育指导老师。

人生格言：

做一个传播快乐的人。

快乐——源于有心

从针灸推拿科病房到针灸康复科病房，葛芳老师在康复护理领域已经工作了10余年了。她认为，康复护理与其他的科室有所不同，康复科更注重病人的功能恢复而非疾病治疗，病人的康复恢复进程受心理影响是非常大的。所以，对待病人除了需要细心、耐心、责任心，还要善于沟通，良好的沟通直接影响着患者的身心健康。除了医护之间、护患之间的沟通，护士与病人家属的沟通也非常重要。

记得2008年，葛老师的科室有一位中风后偏瘫病人，同时患有先天性心脏病，可以说，各方面的情况都不太好。后来，葛老师了解到，这位病人一个人培养了儿子，儿子长大后有了自己的家庭，对母亲也疏于关心陪伴。所以这位患者的家庭支持系统其实是很薄弱的，她自己也没有信心恢复康复，医生也认为这位病人很难站起来。但是葛老师没有放弃，她主动与病人的儿子沟通，希望病人的儿子可以多陪陪自己的妈妈，给妈妈多一点关爱。同时在护理过程中，葛老师对这位患者非常用心，尊重她，让她自主地完成力所能及、从简到难的训练。终于，在葛老师的努力下，这位病人慢慢地建立了自信心，后来恢复得很好。出院时，病人及家属对葛老师说了一声“谢谢”。虽然只有一声简单的“谢谢”，但葛老师非常欣慰。还有很多类似的病人，葛老师都会去了解他们的心理问题及家庭情况，然后和家属沟通，一起去改善病人的心理状况。她对病人的用心也收获了病人的“心意”，有些病人出院之后以写感谢信、送锦旗等方式来感谢她，也有的病人出院后和葛老师成了好朋友，这对葛老师来说，无疑是莫大的肯定和支持。

快乐——源于专业

除了在医院的本职工作，葛老师还担任了杭州市的健康教育指导老师。也许很多人都会认为，只要在医院里把病人照顾好就好了，出院了之后就不用管了。但葛老师带领她的团队把服务内容从医院内延伸到了医院外，把健康的知识带进了病人的生活中。病人在医院时，她们会帮助、照顾病人，对病人进行健康教育，讲解如何在生活中保持健康；病人出院后，她们会定期进行家访或电话访问，了解病人的情况，关注动态，对病人进行出院后的指导，防止疾病的再次发生。有很多病人出院以后会发个小视频向葛老师报告自己的状态，葛老师看后，也会一一给予说明和指导。她说："这小小的改变足以让病人改变对我们护士的认识，同时也给医院赢得了赞誉和口碑。这是我们的专业优势，从这方面我们也创造了自己突破性的价值。"

现在，仍然有很多人片面地认为，护士还是传统的打针、发药，所以有些病人就不尊重护士这个职业，导致护患关系紧张的同时，更给护士们带来了内心的伤害，有的护士开始怀疑自己工作的价值。针对这一现象，葛老师认为："护士的职业价值主要取决于自己对工作的认识，如果你认为这个职业只是照顾病人，你的行为只局限于这个层次，那么别人也会这么认为。反之，你如果认为护理学是一门独立的学科，并且花时间去钻研，慢慢地你就会喜欢自己的职业，成为一名专业人士，那么你的职业价值就通过你的专业性体现出来了。"

葛老师认为康复护理是一门专科护理，为了精进自己的专业，她曾到中国康复研究中心进修学习康复训练及护理半年。平时，她也结合实际进行深入的学习和研究。她曾主持浙江省中医药管理局A类课题2项，参与完成省、市课题4项，近5年发表文章7篇，其中国家1级杂志2篇，申报实用型专利1项；曾被评为浙江在线明星护士，院十佳护士，杭州市文卫体系统以她的名字命名先进操作法——葛芳"自制荞麦枕在中风偏瘫良肢位的应用"。多年的工作经验和专业积累，葛老师不无自信地说，其实在医院，年轻的医生在很多方面还比不上有经验的护士呢，护士和医生一样，也是专业人士。如果一个护士只会照顾病人，执行医嘱，医生反而会认为这个护士没什么能力，而医生一旦错了，也会给护士带来很多麻烦。但是如果护士有自己的一套专业知识，就可以很有把握地纠正医生的错误，更好地协助医生治好患者的疾病。这样，护士的工作不仅是被病人认可的，也是被身边的同事认可的，那么护士的价值就毫无疑问地体现出来了。

快乐——源于分享

葛老师的人生格言是：做一个传播快乐的人。她说，做护士很累很辛苦，开心也是一天，不开心也是一天，那么，何不以快乐的心态去面对呢？葛老师说，有很多病人一开始是坐着轮椅或者躺在床上进来的，经过医护人员的治疗和照顾，他们可以开开心心地走着出去，有的甚至还寄来感谢信。难道工作中还有比这更开心的事吗？

葛老师作为科室的带头人，她就像一个大姐姐一样帮助、支持自己的姐妹们，久而久之，科室里的护士间也形成了互相帮助的氛围。一旦有同事遇到生活中的坎坷，葛老师和其他几位“大姐姐”总是很热情地给予帮助。曾有一位同事在人生“低谷期”非常迷茫、痛苦，葛老师知道后，除了在工作方面支持她，在生活上也经常安慰、关爱她，这样的帮助持续了近两年时间，最后那位“姐妹”不仅渡过了难关，也在学业方面收获了很多。

葛老师还把科室里每个人的生日记得清清楚楚，当她们生日的那天，葛老师会给她们放一天假，虽然这只是一件小事情，但这个小细节让整个科室充满了温暖。葛老师说，你以什么样的态度面对生活决定了你将收获什么样的心情。开心上好每天班，认真做好每件事，快乐的事情每天都在发生，快乐的环境也是靠自己去营造的，每个人都要积极地去传播快乐。

董玉红：虽身经百战，仍勇往直前

人物名片：

董玉红，副主任护师，杭州市中医院呼吸科护士长。曾获全国卫生系统抗击“非典”先进个人、局级优秀共产党员、杭州市五一劳动奖章等荣誉和称号。

人生格言：

认真做事，多去思考如何将事情做好。

抗击“非典”的勇士

2003年的SARS病毒至今令许多人心有余悸，无数生命卷入死亡的泥淖，全世界都陷入恐慌之中。在巨大的天灾人祸面前，人性的善良总会得到最深刻的体现。在奋斗于最前线的医护人员中，涌现了许多可歌可泣的人物，董玉红老师就是其中之一。

那年的“5·12”国际护士节，同时又是董老师的结婚周年纪念日，原本是一个值得庆祝的日子，但这一天，也是她进驻SARS病房的第一天。那段抗击“非典”时在病房奋战的日子，她仍记忆犹新。当时家人都不理解她的决定，甚至反对。一个女孩子，结婚才几年，夫妻两个都年纪轻轻，为什么要去做这个"傻事"？但董老师不顾家人反对，还是穿上了厚厚的防护服，她并不觉得自己的行为有多么崇高多么值得赞美，这只是她的职责，她的工作。一个人只是做了自己该做的事有什么值得赞美的呢？整整23天，家人为董老师牵肠挂肚，着急担忧，但董老师很平静，她有条不紊地处理手头的工作，照顾病人，厚厚的防护服也穿习惯了。现在，董老师回想起那段时光，她仍然觉得：经历过，不遗憾。

急诊室里的女超人

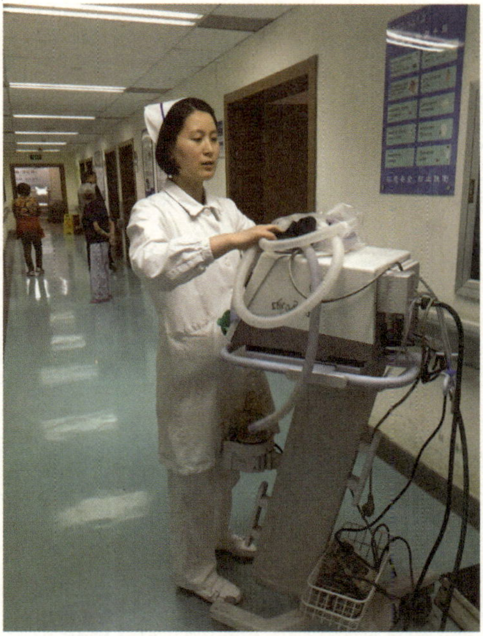

董玉红老师是个真正的东北妹子，留着利落的短发，身材瘦削，白大褂穿在身上显得特别挺拔。她常边走边打电话，步伐匆匆，对她而言每一分每一秒都是可贵的。健步如飞、风风火火的她，让我们联想到她曾经也是急诊室女超人。

很多人在踏上护士岗位时都会有"科室选择困难症"，谁不想进入轻松的科室呢？但董玉红最喜欢的科室却是急诊科。进入急诊科，意味着高强度的工作，高度紧绷的神经，不规律的工作时间，但在她看来，急诊科是最锻炼人，也是提高技术最快的科室。也许是生她养她的北方土地给予了她坚毅、踏实、敢于挑战的精神，使她在急诊科充分施展了自己的才干，病房、监护室、抢救室都曾留下她忙碌的身影。她将一个个病人推上手术台，与医生一起把无数的病人从死神的镰刀下夺回，与死神的搏斗短则几十分钟，长则十几个小时，成功的喜悦总是让她充满“超能量”。她说，现在她的技术和经验大多是在急诊室工作的那段时间积累起来的，高强度的工作让她知道了如何提高工作效率，如何有效地与团队沟通，也学会了如何在工作之余放松自己。

默默守护生命的卫士

2000 年，董老师只身从东北来到杭州，算起来她已经在杭州工作 16 个年头了，这些年，有辛酸和泪水，也有欣慰和喜悦。不管什么时候，她从未想过放弃。她的心里总有一股“执念”：做一件事情，就要认认真真、踏踏实实去做，绝不可轻言放弃。

护士的工作多且杂，为此，董老师在多年的工作中养成了一个习惯，她的白大褂里随时都揣着一本记事本和一支笔。每天早上上班前，她先花十几分钟的时间将今天要完成的事情列清楚，按紧要程度把事情排序后并逐一解决，所以再烦琐的事情她都能有条不紊地处理好。曾经董老师的丈夫也不理解，护士一天怎么可能会有那么多事情呢？不会是董老师自己说得太夸张了吧？直到看了董老师的记事本，他才知道原来护士真的这么忙，这么辛苦。此后，他对董老师也多了一些理解和体谅。董老师的女儿很黏她，但她的工作性质让她不能有很多时间陪伴女儿。董老师说，女儿小的时候经常打电话给她，问她什么时候回家，怎么还不回家。董老师多少有些歉疚，为了加强和孩子的沟通，一有时间她就会带女儿去看电影、吃美食、爬山。女儿渐渐长大，懂事地和她说：“妈妈，我没关系的，你好好工作。”想到这些，董老师的眼里满是欣慰。

董老师认真的工作也得到了病人的理解和尊重。曾经有一位在医院调养身体的老太太，不小心摔倒了，不久后就去世了。尽管这不是护理过程中出现的差错，也不是导致她死亡的直接原因，但老太太担心家人为难护士，临终前还对家人说道："这里的护士都很好，不是护士的错，不要为难她们。"在习惯了生离死别的医院里，生命的离去并不引人注目，可是理解和宽慰的温暖却一直留在她心里，成为她继续为护理事业奋斗的动力。

护士是一份要与人打交道的工作，与医生、病人、家属都要进行密切的交流。《小王子》里有句话说："假如你驯服了我，我们就彼此需要了。对我而言，你就是举世无双的；对你而言，我也是独一无二的。"董老师说，诊疗的过程就是一种"驯服"的过程，这个"驯服"其实就是一种理解，病患和医护人员彼此理解，相互信任，"彼此需要"的关系才是最美好的。医院里的病人并不都像那位老太太一样会理解她们的工作。碰到护患纠纷的时候，她也难免心情复杂，低落难过。每当这个时候，她总对自己说："没关系的，只要我认真地工作了，照顾好病人，病人总会理解的。当护士需要有一颗奉献的心，不管是对病人，还是对同一科室的同事。"况且在她的心里，这个世上令人难过的事总是少于让人开心的事，抱着这种心态，消极的情绪很快就消失了。

坦率的董老师笑着说，她从没想过要放弃护理工作，除非护理放弃了她，否则一定还会坚守在岗位上，如果再经历一次"非典"，她仍然会毫不犹豫地投入战斗中去。虽身经百战，仍勇往直前，我们坚信，董老师会继续带领她团队的护士们踏实地奋战在岗位上，无畏地前行在守护生命的道路上！

傅根莲:热爱工作,潜心钻研

人物名片:

傅根莲,主任护师,杭州市红十字会医院护理部主任,浙江中医药大学兼职教授,杭州师范大学兼职教授,杭州师范大学钱江学院特聘教授。曾荣获2011年度全国中医科研工作先进个人。主要社会兼职有:中华中医药学会护理分会委员(第四届),浙江省护理学会中西医结合专业委员会副主任委员,浙江省中医药学会护理专业委员会常务委员,杭州市中医药学会护理专业委员会副主任委员,浙江省抗癌学会护理专业委员会委员,杭州市护理学会副理事长,杭州市护理学会中医、中西医结合专业委员会主任委员,杭州市中医护理质控中心常务副主任,杭州市护理质控中心副主任。

人生格言:

用感恩的心做人,用诚实的心做事。

热爱工作,收获成长

访谈组能约到傅根莲老师真的很不容易,与其他医院的护理部主任一样,她也是一个大忙人，访谈过程中手机不时地响起。但傅老师一直保持亲切的微笑，与我们分享大学期间的学习和生活，谦和地谈她的工作经历，令人敬佩。

当年，15 岁的傅老师听从父母的建议，学习了护理专业。18 岁时，她进入市红会医院，先后在外科、急诊室、手术室、儿科、内科、中医科从事临床护理，而后又担任消化内科、血液内科、呼吸内科、内分泌科病房护士长，2002 年开始担任护理部副主任，2010 年她又成为护理部主任。30 年来，她从一名青涩的小护士成长为护理界的专家，她把最美好的年华都奉献给了护理事业。如果用一个词来描述自己多年来的工作感受，傅老师说是“责任感”。因为有责任感，才会有做好一件事的毅力与决心，才有战胜困难的勇气与力量，随着时间的推移，更会产生一种热爱。

傅老师说，热爱一份工作的时候，工作也是有“温度”的。看着病人承受痛苦，护士承受的压力不会比病人和家属小；当病人康复，护士内心也会无比欣喜。傅老师想起她在儿科时第一次上夜班打针的经历。那一次只有她一个人值夜班，突然响起的孩子哭声让她十分害怕，但是“遇上事了”，也只能硬着头皮上了。当时灯光比较暗，给孩子打针也只能摸着黑找静脉，尽管心里很害怕，但她暗暗告诫自己一定沉住气，她在脑海中迅速回忆操作要领，最终顺利地把针扎了进去。后来看着孩子慢慢地痊愈了，她也很有成就感，好像自己就是孩子的亲人。然而令人惋惜难过的事也有，有一次，一个很漂亮的女孩子得了白血病，几经治疗，最后还是去世了，一个年轻生命的“香消玉殒”多少是令人遗憾的。

热爱一份工作，就会想办法去化解困难，包括工作中的不愉快。在工作中，医生和护士发生矛盾，护士和病人发生矛盾，都是在所难免的。她说，工作性质和现实的工作环境都是客观存在的，不能因为面临一些困难和障碍，就在工作上畏畏缩缩。对此，傅老师说，人与人之间生来就是友好的，矛盾不可能是无缘无故产生的，当你身处矛盾之中，首先应该好好反省自己，看看究竟是不是自己的错，如果是自己的错，那毋庸置疑，必须道歉；如果不是，那么这时

候你就要换位思考，为对方想一想，然后进行一些安抚与调节。

人的一生也真是奇妙，就这样和原本毫无关联的人和事物有了千丝万缕的关系。傅老师说，她的30年工作经历，让她学会了主动去关爱他人，让她拥有了一颗爱心和十分好的心理承受能力，让她体会到了帮助别人等于帮助自己，让她懂得了不同的人有不同的性格，面对不同的人需要有不同的交流方法。

把学习当成习惯

傅老师是一个非常注重学习和思考的人，从她参与的课题和发表论文中可见一斑。她主持完成了浙江省中医药管理局、杭州市卫生厅多项课题，其中《理性情绪干预在维持性血液透析患者中的应用研究》课题成果获杭州市优秀成果奖；先后在《中华护理杂志》《中华医院感染学杂志》《护理与康复》等杂志上以第一作者发表的文章近20篇，被引用37次。在忙碌的工作之余，还能静下心做科研，傅老师说，这得益于良好的时间管理。进入工作阶段后，利用好碎片时间是十分重要的，因为既要工作，又要兼顾家庭生活，所以只能合理充分地管理好这些剩余的时间。带着问题学习、看书早已成习惯，日积月累，专业的知识都烂熟于心，再结合工作中的实际问题做研究，成果也就出来了。当然也得益于她先生（先生是位医生）的指导和帮助，尽管大家工作都很忙，但闲暇之余，除了生活还会有工作的探讨和交流。

在我们约访之前，傅老师刚好去了一趟美国，与美国的机构进行了交流，这次的美国之行对她启发很大。她说，这是她的第一次国际交流，尽管还没能达成合作，但国际交流的序幕已经拉开，今后，国际交流会成为趋势和常态化项目，国外的先进技术和经验还是值得学习的。所以，她希望在校学生要放宽眼界，在大学阶段打好基础，不断提高自身的能力，学好外语，不能光为了考试而学习。在学好专业的同时，要尽可能地参加学校的社团和组织。在校学生还可以尝试做做科研，在对信息量有完全掌握的基础上，再看和自己想做的事情有哪些共性，以及这些研究对社会的适应程度，当然，“心急吃不了热豆腐”，研究成果也是慢慢积累起来的。傅老师说，大学期间有大把的闲暇可以用来学习，这样的日子往后不会再有，同学们一定要把握好、利用好这个阶段。进入医院工作后，有不懂的问题多去翻翻书，问问医生，不要漏过每一个问题，要虚心求教，踏踏实实地学习。

在采访结束之时，我们与傅老师合影留念，没想到合影前她郑重其事地戴上了护士帽，这位优秀护理人的严谨再一次感染了我们。画面定格的瞬间，我们决定，要好好努力，做最好的自己。

舒洁：以心为灯，愿做生命的守护天使

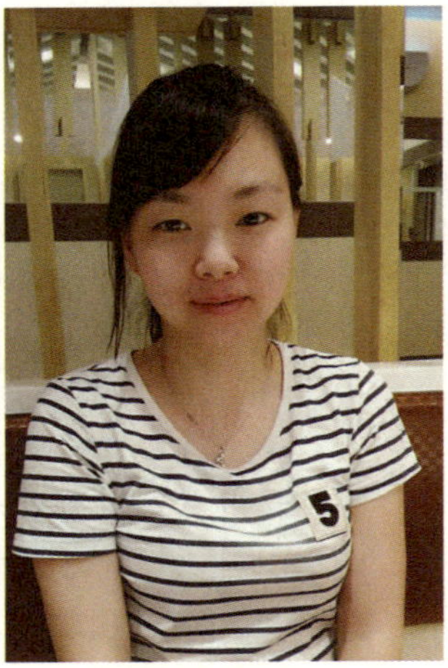

人物名片：

舒洁，现为杭州师范大学附属医院神经内科副护士长。2002年入职以来，她先后在呼吸科、神经内科工作，十几年如一日，兢兢业业地奋斗在岗位上。曾被评为“温馨服务之星”、杭州市“百名优秀护士”、杭州市“千优”健康卫士等。

人生格言：

以心为灯，愿做生命的守护天使。

从工作中找到人生价值

舒洁老师的父母一直都希望女儿能够学医，大学毕业后，舒老师自然而然地从事了医护工作。以前，能当个护士是十分体面的事情，但现在随着生活水平的提高，很多父母不愿意让孩子从事这又苦又累的工作。尤其一些女生是家里的娇娇女，父母宠着，老师爱着，没有受过苦，进入工作岗位后根本不能适应如此高强度的工作，再加上医患关系紧张，有些人往往干了一段时间就辞职了。舒老师曾经也有过这样的困扰和心理波动，如果不做这份工作，也许会有更好的选择。这份辛苦的工作，有必要坚持下去吗？值得吗？暂时的困惑并没有对舒老师形成很大的干扰，她很快就端正了自己的想法：世界上有哪些工作是不辛苦的呢？每一份事业想要有所成就都是辛苦的，只是有些工作的辛苦藏在光鲜背后，人们看不到罢了。既然如此，不如选一份有价值、有意义的工作，不要让自己的辛苦白费。又有什么工作比得上救死扶伤的医护人员有价值呢？又有什么比得上看到病人健健康康、高高兴兴地回家令人感到兴奋呢？当时的舒老师虽然工作不久，但年纪轻轻的她十分清楚自己内心想要什么，她觉得从事着一份社会不可或缺的工作，这让她找到了人生的价值，她为此感到很光荣。沉甸甸的辛苦，换来的是她内心满满的自豪感和满足感。

把病人当家人，处处都有爱

舒老师身材纤瘦，如果不是她自己说，谁都不会想到她已经是一个 6 岁女孩的母亲。说起家人，她脸上的笑容更加灿烂。一边是繁重的工作，一边是家庭，但她总能游刃有余地平衡好家庭和工作。女儿乖巧听话，先生性格温和，愿意倾听她的“牢骚”，无条件地包容、支持她。家人的理解和支持，让她可以全身心地投入工作中。

俗话说，推己及人。拥有幸福家庭的舒老师，十分了解每个人对幸福的渴望。每个病人都来自于一个家庭，都有自己的亲人，将心比心，如果自己的亲人生病了，内心该有多焦急啊！所以，舒老师总是把病人当成家人一样看待，病人也格外地相信她。她认为，护患之间建立信任，是护理工作顺利进行的基础，只有当病人相信医护人员，护理诊疗才能完整顺利地进行下去。

她说：“护士讲话的机会很少，大多数时候她们都是埋头苦干，所以大多数的护士虽然嘴巴笨，但却养成了良好的倾听的习惯。”在日常工作中总会遇到几个不理解护士、态度不友好的病人，这个时候善于倾听的优势便显现出来

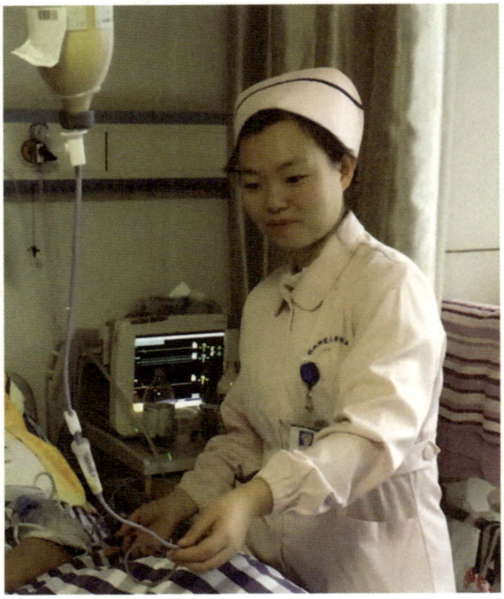

了，倾听病人的担忧、恐慌、不满，并在力所能及的范围内帮助他们，能帮多少是多少，尽力而为。“总之我们都是站在病人的立场上为病人的利益考虑的，如果你照顾病人能像照顾家人一样，对病人好，体贴他们，病人是能够感受到的。他们也会站在你的立场上为你考虑，理解你。反之，你如果对病人不耐烦，他们也会对你失去信任。”

曾经的遗憾，深深触动了她

2005 年的某个深夜，有一位肺癌晚期的病人选择结束自己的生命，而那一晚正是舒老师值班。

那时，刚工作不久的舒老师还带着年轻人的热情和青涩。在夜晚两三点查房时，她发现病人睡不着觉，询问过病人后，发现病人并没有明显的疼痛现象，但是有很严重的心情抑郁。她坐下来与病人聊天，开解病人，但没想到她离开后不久，病人还是偷偷地离开了医院，自杀了。舒老师感到非常愧疚，也很自责。她想，如果她能再多花点时间开解病人，或者再早一点去查房，是不是这样的悲剧就不会发生了呢？为此，她暗地里哭了好几次。一个生命的逝去，让她第一次感受到了生与死的距离，体会到了生命的脆弱，舒老师为此十分遗憾和难过，她的内心久久都无法平静。事后，舒老师慢慢地调整自己的心情，也逐渐明白，有些事情是无法阻止的，但是尽力去做就足够了。尽管这件事情在她心里留下了不可磨灭的印记，但也给了她很大的启发。有时候心理健康要胜过身体健康，护士还要具备一些心理健康的知识，给予病人更多精神上的抚慰，从那以后她一直十分重视病人的心理护理。

注重发挥团队的力量

对于团队管理，舒老师有自己的理念。她认为，作为一名护士，承担着救死扶伤的重任，其中团结协作精神发挥着举足轻重的作用。随着医疗事业的不断发展壮大，临床护理工作量的不断增加，救治一个病人，仅靠一个护士或几个护士的努力工作是远远达不到护理要求的，而且护理工作还要跟其他部门的工作相互配合，比如医疗、医技等部门。护理人员如果能在团结协作中实现优势互补，积极发挥协同作用，就能带来事半功倍的效果。舒老师说："每一个人都有他的优点，有不同方面的潜力，我们要做的就是发挥他们每个人的潜力，让拥有不同优点的人相互协作，发挥他们最大的能量。而且不同层次的护士能力是不同的，我们鼓励老护士带小护士，不仅要教她们，还要把好的风气传下去。"她最想告诉她的伙伴们："你不是一个人在战斗！"

雷雪贞：春风化雨，贵在用心

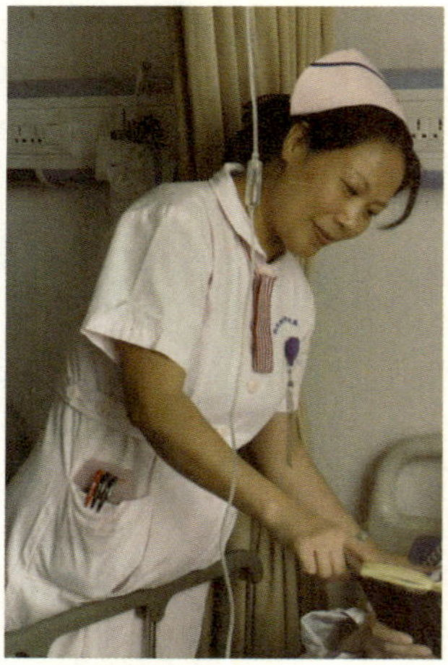

人物名片：

雷雪贞，主任护师，1990年参加工作，现任杭州师范大学附属医院心内科十四病区护士长、杭州市循证护理学组委员、杭州师范大学附属医院糖尿病教育小组委员。近几年在《中华医院管理杂志》《解放军护理杂志》《医院管理论坛》《岭南心血管病杂志》《中国现代医生》等杂志发表论文10余篇，主持或参与多项省、市级课题，拥有2项实用型专利和1项国家发明专利。多次荣获优秀共产党员荣誉称号，被评为浙江省教育系统第十二届事业家庭兼顾型先进个人、2015年度杭州市十佳护士、2015年度杭州市三八红旗手。工作20多年来，从未收到一起病人投诉。

人生格言：

重要的不是你能做什么，而是你能做得有多优秀。

理解是最好的相处艺术

采访雷老师的那天，正值冬季的一个阴雨天气，湿冷的空气仿佛把同学们的表情都冻僵了。在说明来意后，雷老师热情地接待了采访组。她言语温和，十分健谈，言谈举止中流露着优雅从容，令人如沐春风。我们因为天气和紧张心理产生的局促，瞬间就被化解了。

作为一位资深的护理工作者，雷老师对护患沟通相处有她自己的心得。她说，人与人之间，理解是最好的相处艺术。工作中，遇到情绪不稳定的病人是常有的事，不论病人是不是自己科室的，她都会认真倾听。她认为，病人情绪不稳定是有原因的，没有人会无缘无故发脾气，因此她从不和病人争谁是谁非，只是倾听，倾听病人不满的原因到底是家庭方面的还是医护方面的。如果是医护的原因，那首先要真诚地道歉，深刻反思，积极改进。有时候听病人发发牢骚，让他们发泄一下心中的不满，尽管不是所有问题都能帮上忙，但耐心倾听本身就是对病人的抚慰。“人无完人，做工作也不可能十分完美，但只要你用心去做，真正为病人的利益考虑，哪怕你有一点小小的不完美，相信和病人沟通后病人都是能理解你的。”说这些话的时候，雷老师脸上有种沉静的温柔。这也许就是她工作 20 多年来，从未收到任何病人投诉的原因吧。

工作中要相互理解，生活也是这样。护士的工作很繁杂，每天都是来去匆匆、一刻不停地忙碌，“三班倒”的工作机制更是大大缩短了与家人相处的时间。从事护士这份工作，家人之间也要相互理解、相互扶持。事业的发展离不开家人的支持。雷老师说，护士的确很忙，但是时间都是挤出来的，有空时要多陪陪家人，特别要注意不要把坏情绪留给自己最亲近的人。事业很重要，家庭也同样重要，照顾好“小家”，才能更好地为“大家”做贡献。

做工作中的有心人

雷老师在忙碌的工作之余，还是一位在工作创新上十分有心的人，到现在为止，她已经拥有 2 项实用型专利和 1 项国家发明专利。她的第一个小发明

是"女病人尿标本留取器"。一般来说，女性患者在留取尿标本时，往往只采用一个塑料小杯子来接取尿标本，由于女性患者的生理结构，在接取尿标本时容易把小便沾到自己的手上，很不卫生，特别是那些年纪大的女性患者，由于腿脚不方便，不管采用坐坑或蹲坑均不容易留取到尿标本。雷老师无意中注意到了这样一个现象，当时她就想有没有改进的方法。她通过上网查资料，和同事们商量，请家人帮助，最后真的成功设计了"女病人尿标本留取器"，并申请了发明专利。她说，发明创作都是来自现实生活，所以最重要的是要留心现实生活中的点点滴滴。有想法就去行动，要对自己有信心。雷老师坦言，像自己这个年纪的护士基本上都是中专毕业的，科研是她们的薄弱点，但只要做个工作中的有心人，同样会有很多具有应用价值的成果。

众人拾柴火焰高

雷老师的科室在全院是出了名的"吵"，这是因为她们科室喜欢聚在一起吃饭，一起叽叽喳喳地聊天，别看她们总是喜欢聊一些闲话小事，但聊着聊着自然而然地就会迸发出令人惊艳的点子。对于团队建设，雷老师十分注重调动团队成员的积极性，并且要把工作和个人的发展有机结合起来，她本人无论是在科研和职称晋升方面都起到了带头作用。雷老师说，护士工作都很忙，但忙碌之余，个人的发展也是不能忽视的。科研虽然是"额外的任务"，但要晋升职称少不了要发表论文。这方面，雷老师在率先做科研的同时，鼓励和带动整个科室跟着她一起做，成功了一次两次之后，她们积累了经验，也感受到成就感，于是，科研的氛围慢慢浓厚起来，护士们也逐渐树立了做科研的意识，这时，各种小发明、论文就络绎不绝地出来了。雷老师始终强调，身为护士长，就有责任带好头，如果护士长都不去努力，科室的人又不敢超越护士长，大家就会止步不前。科室一旦形成良好的氛围，大家就会感觉有股无形的力量在鞭策她们前行，自然而然就会主动做科研，谋求个人发展。科室的发展靠的是集体的力量，众人拾柴火焰高，这也是雷老师的团队建设理念。

褚红英:但问耕耘,不问收获

人物名片:

褚红英,副主任护师,杭州市第七人民医院病区护士长。曾荣获2013年首届最美杭州人提名,2013年杭州市三八红旗手,多次获市卫生局优秀共产党员、局级先进个人及院级先进工作者等荣誉称号。曾在二级刊物上发表论文2篇。

人生格言:

随心随缘。

31年来,褚红英老师面对重性精神病患者这一特殊的群体,几十年如一日,默默地付出。她用专业知识为病人提供优质护理,用爱心和耐心坚守在重性精神病区,但问耕耘,不问收获,在工作中用心地诠释了“白衣天使”的平凡和美丽。

年轻的她,也曾害怕

1984年,褚红英刚来到杭州市第七人民医院精神科时,年仅19岁。穿着护士服,戴着燕尾帽,青春年少的她怀揣对护士这一职业的幻想,走上工作岗位。但是当她踌躇满志地踏进病房的那一刻,看到那一双双游离的眼神,那一个个漫无目的地来来去去的病人,她的内心瞬间崩溃了。她哭了,心里很害怕,但内心又有个声音告诉她,这就是你的工作。“坚持下去,不能选择当‘逃兵’。”她坚定地对自己说。慢慢地,她克服了对这一群特殊人群的恐惧,日复一日,年复一年,病人和她变得像家人一般亲密。每每想到刚入职时的情景,她都很感叹,如果不是当初的坚持,也许就没有今天的自己。

现在,褚老师每天早上到病房之后的第一件事就是查看前一天晚上的护理记录,然后走访每个病房,就像家人一般地关心病人昨晚的身体状况。即使在休假的时候,她心里仍会记挂这些病人,褚老师笑着对我们说:“特别是有些在七院已经待了二三十年的病人,我们对他们已经有了很深的感情,会常常想他们今天怎么样啊,有没有吃好睡好……”从最初的害怕精神病人,到现在视他们为亲人,这么多年来,默默地关爱已成了她的职业习惯。

每一次惊心动魄都让她变得强大

去采访褚老师时,她正在准备去看一位病人,我们便随她一起走进了病房,她一边走一边跟我们说起了她的工作。我们好奇地问:“在您这么多年的工作中,有没有一些让你特别难忘的经历?”她仰起头,一边想一边说:“太多了,真的太多了……”思索了一会儿,褚老师回忆道:“记得有一次,一位因为吸食冰毒而得了精神障碍的男子,脾气十分暴躁,在病房乱砸东西,看到有人进来就胡乱一通打,甚至谩骂工作人员。有一次毒瘾上来,不肯打针,护士也束手无策,我作为病区的护士长,见状急忙上前劝说,让他快把东西放下,别干傻事,我告诉他,在这里没有人会欺负他。突然,病人发狂似的抓住了我,并用手狠狠地掐住我的脖子,嘴里还叫喊着:‘快放我出去,开门放我出去!’我当时真是吓坏了!”病人的情绪异常激动,要不是处置得当,褚老师甚至有生命危险。现在回忆起来,从褚老师的神情中依然可以看出她当时是多么害怕,即使过去了那么久,提起这件事时,她还会下意识地用双手紧紧地护着自己的脖子。而像这样的重性精神病患者是她们每天都会面对的,有时这些病人像没信号的“炸弹”,不知道什么时候会忽然爆炸。

褚老师说:“在我们这里工作的人,已经习惯了‘惊心动魄’。”有一天中午,护士、医生都去吃午饭了,突然一位护士急匆匆地跑来跟褚老师说有病人在砸窗户。褚老师赶紧跑过去看,原来是有一位患有焦虑症的病人,他把玻璃窗砸出一个洞,从洞里钻出去后,在病房楼外的窄道里漫无目的地走来走去。褚老师见状也是吓得不轻,但这个危急的时刻容不得她多想,她立即调整自己的情绪,平静地劝说病人:“你快下来,你想干什么,我们都答应你,来,我们下来……”长时间的劝导后,她把手伸出去温柔地拉住病人的手,然后病人又慢慢地从那个洞里钻了回来。心中绷着的弦终于放松了下来,经历这么惊心动魄的事,褚老师想大哭一场,她甚至想和主任说,她再也不想干了。但想归想,一进入工作状态,她又什么都忘了,多少次的有惊无险,她最先想到的都是要保证病人的安全。褚老师的无私奉献和对病人的关爱、负责,得到了大家的肯定,她对自己的工作也越来越有信心,时间和经历练就了她平静、强大的内心。

责任和爱助她前行

几年前，褚老师所在的病房收了一位无主的流浪汉，这个流浪汉浑身充斥着恶臭，精神也有些不正常。一开始，他抗拒褚老师的靠近，但褚老师仍关怀备至地每天给他送水、送饭，耐心地和他聊天。渐渐的，流浪汉放下了戒备，开始接受医院的治疗。等流浪汉的病情稍稳定后，护士们又给他理发、洗澡、更换衣裤等，也劝他吃药。在给他换洗时，细心的褚老师发现流浪汉的生殖器已经糜烂了！她怀疑可能是梅毒，于是马上打电话给三院的医生，请他们过来检查，后来经过化验，果然是梅毒，于是医院立即对他进行了隔离。可是褚老师她们并不知道流浪汉是哪里人，也不知道他有没有家人，于是她就买了一本中国地图，一页页翻给他看，后来流浪汉指出自己的家在哪个省。褚老师耐心地打了好多电话，费尽周折，终于找到了他的家人，之后流浪汉就由他的家人接了回去。看到流浪汉重回家人的怀抱，她心里别提多开心了。说起这些事情，褚老师满脸微笑。赠人玫瑰，手留余香，她帮助了别人，自己也收获了成就感，责任和爱让这位“白衣天使”继续前行。

身为护士，倍感自豪

这几十年的工作，不仅让褚老师坚信自己当初的选择是正确的，也让她收获了满满的信心，她为自己是护士而感到骄傲。她说：“我觉得能当护士的人，一定能够胜任许多职业，但并不是任何人都能够胜任护士这一职业的。你看我们每天和病人打交道，我们面对的是生命，容不得一点马虎。我们既需要有扎实的专业技能，同时还需要耐心、细心、爱心等，相比其他职业，护士这个职业对人的品性要求更高。"虽然褚老师的话未必完全正确，但她的话非常有道理，具备了护士的职业精神，还有什么职业不能胜任呢？因此，她勉励在校的护生们，要对未来的职业有信心，一定要记住，护士是一个很严谨的职业，不能有一点马虎。她希望护生们在大学期间一定要把专业学好，努力提高自己的实践操作能力，同时也要慢慢修炼自己的耐心，提高自身素养和各方面能力，这样才能游刃有余地胜任护士这份工作。

后　记

杭州师范大学钱江学院护理分院一直致力于培养专业能力强、职业素养高的护理人才。为让学生形成良好的职业素养，除了日常教育，分院也积极寻求一些职业素养教育方面的现实素材和榜样人物，希望能够在“榜样力量”的引领下，为学生生涯发展树立标杆，增强学生的职业自信和荣誉感。《榜样的力量》就是本着弘扬优秀护理人精神，以优秀护理人为榜样，促进在校护生形成良好职业素养的初衷编写的。

本书记录了杭州市市属医院56位优秀护理人的工作事迹和人生感悟，这些优秀护理人，他们有的具有副主任护师及以上职称，有的具有20年以上临床护理工作经验，且在科研、临床一线、临床带教方面有着突出成绩。他们以平实的语言述说着对职业的执着与热爱，以真实的故事展现了医护工作者救死扶伤、无私奉献的大爱情怀与高尚的职业操守。细读他们的故事，无不让人感受深刻，深受鼓舞。他们是护理界当之无愧的值得学习的榜样，也是众多优秀护理人的代表，能与他们面对面的交流，我感到十分荣幸，对学生来说，也是受益匪浅。略感遗憾的是，在访谈过程中，由于时间关系，与几位优秀的前辈失之交臂，不能将她们的事迹刊入书中，在此，期待下次能有机会将更多优秀护理人的事迹进行收录汇编。

此书编写前，为深入细致地了解这些优秀护理人的事迹，我们带领30多名学生，历时半年多，一一做了访谈，并将录音整理成文。“每参加一次访谈，每聆听一位护理前辈的经历，都感觉自己得到了一次洗礼和升华，对自己所学专业又多了一份热爱”,“通过访谈,我们近距离地体会到优秀护理人的人生观、价值观,学到‘榜样’身上的闪光点,体会到这份工作的价值和意义,找到了职业生涯标杆,这对我们正确认识护理岗位,对今后的学习、工作的规划,都将会产生深远影响”……每次访谈,参与的学生都会这样由衷地感慨,学生对此能有这么大的触动,让人颇感欣慰。

该书能够出版,首先要感谢杭州市护理学会的大力支持,特别是李益民、李艳娟两位老师,在访谈方案制订时,提出了许多很好的建议,在她们的帮助和指导下,访谈工作才得以顺利进行,也感谢她们在百忙之中抽出时间,为本书指导把关。

同时,也感谢钱江学院刘金华院长、郑生勇书记以及来国灿副书记等领导的大力支持,还有分院陈雪萍院长,只要是对学生成长有益的工作,他们都不吝牺牲自己的时间、精力,给予尽可能多的支持。作为一名学生工作者,我特别感恩有这样一些专家学者型且有大爱情怀的领导的指引,他们在致力于推动学院发展和学科建设的同时,始终把关爱学生成长作为工作的重要组成部分。也感谢文法分院吴朵美书记,动员了几位中文专业的学生一起参与此次活动;还有好友虞晨露,一起参与书稿撰改,感谢大家的无私帮助。

要说明的是,由于采访时间有限,有些优秀护理人的事迹可能没有完完整整地记录下来,再加上编者文字水平有限,难免有疏漏或表达不准确的地方,对此深感抱歉,也请读者批评指正。另外,本书中采访对象获奖(荣誉)以及工作年限的计算,截止到 2016 年。最后,希望此书可供护生们和护理界人士阅读学习,也真诚地期盼书中记录的优秀护理人精神可以感动更多人,让这些榜样的力量可以引领更多人,进而成为护理人共同的职业价值观。

邵鸯凤

2016 年 10 月